名取市文化会館

デザコン2020名取

CONTENTS

デザコン2020 名取　official book

118 AMデザイン部門
(Additive Manufacturing)

138 プレデザコン部門

148 付篇

註
＊本書に記載している「高専」は、高等専門学校および工業高等専門学校の略称
＊高専名は「高専名（キャンパス名）」で表示
＊応募作品名は、原則として（エントリーシートの記載の通り。一部、提出した
プレゼンテーションポスターなどに合わせて修正。作品名が予選と本選のプ
レゼンテーションポスターで異なる場合は、本選のプレゼンテーションポス
ターに合わせて修正
＊作品番号は、原則としてエントリー時の番号
＊作品紹介欄の参加学生の氏名は、エントリーシートの記載をもとに、同じ学科
や専攻科、学年ごとにまとめて、高学年から順に記載。氏名の前にある◎印は
学生代表
＊外国人名は、カタカナ表記の場合は原則として（姓）・（名）で表示。姓を持たな
い場合は名前のみ表示。アルファベット表記の場合は、本人の申告通りに記載
＊所属、学年の記載は、大会開催時（2020年12月）のもの
＊2〜3ページの⑩⑩、⑩、プレデザコン部門の フィールド名-00 は作品番号。「空
間」は「空間デザイン・フィールド」、「創造」は「創造デザイン・フィールド」、
「AM」は「AMデザイン・フィールド」を示す

大会趣旨
デザコン2020 in 名取

つながりを表すことばをもとにデザインの知恵を競う──「ゆい」

福村 裕史（第17回全国高等専門学校デザインコンペティション実行委員会委員長、仙台高等専門学校校長）

オンライン方式での開催へ

　およそ10年前の東日本大震災（2011年）により未曾有の津波被害を被った宮城県、名取の地で、語り継ぐことの必要性と、支え合う人々のつながりの重要性を中心に据え、未来を形づくる独自のデザインを競うコンペティション、「デザコン2020 in 名取」が開催された。この「ゆい」という大会メインテーマの設定は、想定外の自然災害に対処する際、人々のつながりが最も大切であるという経験に基づいている。しかしながら現状は、過去1年の間に起こった新型コロナウイルス感染症（COVID-19）の世界的拡大により、人々が集うことさえ困難になっている。21世紀、自然は人類の未来に畳みかけるように挑んできているように見える。

　人々が集合する方式が取れない以上、デザコンは成立しないので中止にするべきとの意見はあった。また、参加する高専によって、校内活動が制限されたり、登校自体が禁止されたりした期間は地域の感染状況に依存し、長短の違いがあった。したがって、すべての参加学生に公平な準備期間が保証されていたわけではない。しかしながら、デザコンの意義は、公平公正な順位付けをすること以上に、参加する学生たちへ強い動機を与えることにある。公平さを重視してデザコンを中止すれば、参加を期待していた学生すべてを失望させることになる。自粛生活の続く暗闇に、一筋でも希望の光が射すことを願い、2020年9月、参加学生を来場させず、インターネットを活用したオンライン方式での開催を試みることになった。

オンラインでも各部門では審査が白熱

　主会場は、世界的建築家である槇文彦氏の設計による名取市文化会館。今回はオンライン方式での開催のため、参加学生の来場がかなわず、デザインを学ぶ全国の高専の学生に、すばらしい空間を体験してもらえなかったことも残念であった。大会当日、会場に入ると、来場者はまばらで、受付にはマスク着用の確認ゲートと検温用のカメラがあり、入場者記録用紙に緊急連絡先などを記入しなければならなかった。すべてをパスすると、感染予防対策済を示す紙製の腕輪が付けられた。そのまま1階を奥に進むと、大ホールのホワイエには構造デザイン部門の作品が陳列されていて、各校の耐荷性能試験前の作品を見ることができた。ここに

は大会初日、密にならない程度の見学者が訪れた。耐荷性能試験は2日めに大ホールの舞台上で行なわれ、順に載荷された荷重（おもり）に最後まで耐えた作品に対して見学者のまばらな拍手が響いていた。

　1階から階段を上って中ホールに向かう途中のホワイエ空間には、AMデザイン部門の予選通過作品と創造デザイン部門の予選通過作品の展示があった。AMデザイン部門の展示では、随所にアルコール消毒剤が置かれ、3Dプリンタで製作した「作品」を手に取る前後に使うことを推奨していた。段差によって少し高くなっている部分には、大型ディスプレイが設置され、オンライン方式での審査の様子がライブ中継されていた。

　創造デザイン部門の主会場は中ホールであった。審査はすべてオンライン方式であったため、審査のライブ映像を放映していたが、場内にはほとんど人がいなかった。

　中ホールを出て3階への階段に向かう途中の展示ギャラリーでは、プレデザコン部門の展示と審査（来場者による投票）が行なわれていた。ここにも時々、市民の訪問があったようである。

　3階小ホールのホワイエでは空間デザイン部門の本選作品が展示されており、小ホール内で行なわれている審査に応じて順次、本選作品の模型が移動されていた。会場にいる3人の審査員が、立体的な街並みなどの作品模型を見ながらオンラインで学生とやり取りする内容が興味を呼んだためか、来場者が多く、会場は常に白熱していた印象がある。

忍耐と寛容が「ゆい」を

　今回のオンライン方式での開催にあたって、人と人とがつながるためには、情報の送り手にも受け手にも、ともに忍耐と寛容の精神が大切であることを再確認した。「ゆい」とはそうしてでき上がるものであろう。また、この通信状況を保障するために、多くの裏方が活動しなければならなかったことも忘れてはならない。数々の作品には、登校禁止などの措置を受けたためか、明らかに時間不足の影響が見受けられた。それでも、参加した学生たちは、わずかでも成長できたのではないかと期待している。

　最後に、共催の名取市、支援を受けた多数の協賛企業と関係省庁、各部門の審査員たちに心より感謝したい。

註
＊文中では、高等専門学校および工業高等専門学校を高専と省略

コロナ禍の収束後、ぜひ名取へ

山田 司郎（名取市長）

初の共催で来訪者を楽しませようと

　ここ名取市において、全国高等専門学校連合会主催「第17回全国高等専門学校デザインコンペティション　デザコン2020 in 名取」が、関係者の協力により、無事滞りなく開催できたことに対し、心より感謝したい。また、各部門において、すばらしい成績を収め、入賞した全国の高専の学生たちに心よりお祝い申し上げる。

　さて、今回のデザコンについては、平成30年（2018年）1月に主管校（運営を担当する学校）である仙台高専（名取）から、名取市との共催の打診があり、自治体との共催はデザコン初ということで、参加者や来場者が楽しめるような企画を行ない、デザコンを盛り上げていきたいという思いであった。しかしながら、新型コロナウイルス感染症（COVID-19）の拡大が徐々に広まり、2020年9月にインターネットを利用したオンライン方式での開催へと変更になり、参加した全国の高専の学生や教職員を名取市に迎えることのできなかったことが大変残念である。新型コロナウイルス感染症が収束した後に、名取市へぜひとも足を運んでいただきたい。

デザインの可能性と奥深さ

　今回、はじめてデザコンを見て、コロナ禍で行動に制約を受ける中、製作された本選参加作品のレベルの高さに感心し、デザインというものの可能性や奥深さに改めて気付かされた。同時に、製作された作品1つ1つにこめられた全国の高専の学生たちの思い、作品から伝わる努力の軌跡や創意工夫の多さに圧倒されたとともに、深い感銘を受けた次第である。

高専の可能性をまちづくりに

　現在、名取市においては、「愛されるふるさと　なとり」をめざし、地域を構成する個人や団体、企業など、あらゆる主体と連携してまちづくりに取り組んでいる。

　今大会の主管校である仙台高専（名取）とは、地域の課題に迅速にそして適切に対応し、活力ある個性豊かな地域づくりをめざす官学連携に関する協定を締結している。そして、これまでにも専門的見地からの提言や助言などを受けているところである。今後とも連携を密に、より高専の創造性あふれる発想や技術を市政に反映していきたいと考えている。

　末筆ではあるが、今回の開催にあたり関係者の尽力に改めて敬意を表し、心より感謝する。また、全国の高専の学生たちのこれからの活躍と、次年の呉高専によるデザコン2021がすばらしい大会になることを心より祈念したい。

名取の復興地区特別見学会

3.11東日本大震災から10年を前に、名取の被災地区の復興状況を巡る ── 「ゆい」

デザコン2020の開催地、宮城県名取市は、古代、東北最大といわれる雷神山古墳を有し、杜の都、仙台市に隣接するため、そのベッドタウンとしての性格も持つ。また、せりや赤貝などの農水産物の産地としても知られ、近年、少子高齢化社会にも関わらず人口増加を続けてきた希少な自治体である。だが、2011年3月11日に発生した東日本大震災では、沿岸部の閖上地区を中心に甚大な被害を受け、街の風景が一変した。

震災後、閖上地区は現地再建を選択し、災害危険区域を含む約120haを被災市街地土地区画整理事業により、地域再生へと歩んでいる最中である。ハード面の整備がほぼ終了した2020年12月現在、地区内には約1,650人が居住し、復興公営住宅、閖上小中学校、公民館などの公共施設が完成し、商業施設、水産加工団地、サイクルスポーツセンターが稼働している。また、震災メモリアル公園、名取市震災復興伝承館など震災の記憶を継承する場も整備され、まちづくりの新たなステップに踏み出したところである。

今回のデザコンのメインテーマは「ゆい」。閖上地区における被災から復興への過程では、行政と地域住民が時にはぶつかり、時には共感し、課題を発見し、情報と価値観を共有し、協力し合い、具体的な解決方法を求め続けた。これらの軌跡は正に「ゆい」の集積であるとも言えよう。なお、デザコン2020 in 名取の主会場である名取市文化会館は、2011年6月まで避難所として運営され、被災後の復旧や復興に際しては、国内外からボランティアが集まり、さまざまな物的支援が届いた場所でもある。

デザコン2020では、当初、関連企画として、全国各地から参加する高専の学生と教員を対象に、名取市の被災から復興の過程を見学する機会として、オプショナル・ツアーを企画していた。共催の名取市役所の協力の下、復興のまちづくり支援を担当した筆者が案内役を務め、市内で最も被害の大きかった閖上地区の復興状況を見学するツアーである。残念ながら、コロナ禍（COVID-19）により参加学生の来訪が中止となったものの、各高専から来訪した代表教員、仙台高専（名取）の学生ら15人が参加して実施することになった。

デザコン2020開催の前日、2020年12月4日（金）午後、ツアー参加者は名取市文化会館に集合し、専用バスで、閖上地区内の公共施設の1つ、閖上公民館を訪問した。まず、最寄りの河川敷に2019年4月にオープンした「かわまちてらす閖上」を徒歩で散策。ここは、毎週末2,000人以上が訪れるという、河川空間の新たな場として全国的に注目されている施設でもある。その後、閖上公民館で、名取市役所復興部の佐藤浩課長補佐から閖上地区の被災状況、復興過程に関するレクチャーがあった。

次に、地区内を車中から見学しながらバスで回り、被災から復興の過程を展示する名取市震災復興伝承館を訪れた。その後、2020年10月に開館し、新たな復興拠点として期待されているサイクルスポーツセンターと沿岸部の様子を見学。続いて、被災前から地域のシンボルであった日和山と、被災後に震災被害の鎮魂を目的に整備された慰霊碑、震災メモリアル公園を訪れた。

最後は地区内に整備された名取市災害公営住宅を訪問。居住者やコミュニティ・スペースの支援スタッフから、経緯や現状の課題についての説明があり、続いて意見交換の場が設けられた。参加者からは、被災前の状況や復興のプロセスにおける苦労、現状の課題などさまざまな質問があった。

被災から10年近く経過した閖上の地において、復興の状況と、次なる課題に間近に触れることができた今回のツアーは、街の空気を直に感じ取る絶好の機会となったのではないだろうか。

震災の記憶と「ゆい」の集積の街、名取市では、これからも試行錯誤のまちづくりが続いていくであろう。ツアーおよびデザコン2020の参加者が、名取の次なる「ゆい」の1つになってもらえたなら、主催者一同、感謝感激である。

（坂口 大洋　仙台高専〈名取〉）

2001年9月24日　東日本大震災前の閖上地区
提供：一般社団法人東北地域づくり協会（旧・社団法人東北建設協会）

2011年3月27日　東日本大震災直後の閖上地区
提供：一般社団法人東北地域づくり協会（旧・社団法人東北建設協会）

2020年10月20日　現在の閖上地区
提供：株式会社アドステージ

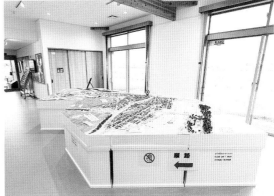

名取市震災復興伝承館に展示されているジオラマ模型。
●札の位置は、名取市震災復興伝承館。津波で失われた閖上の街が再現されている

デザコン2020 in 名取　オプショナル・ツアー訪問地

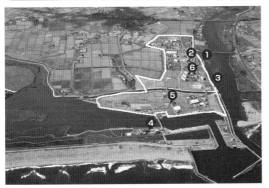

　　線囲み内は、被災市街地土地区画整理事業対象地域
●内数字は下記、訪問先を示す

❶ かわまちてらす閖上
❷ 閖上公民館
❸ 名取市震災復興伝承館
❹ サイクルスポーツセンター
❺ 慰霊碑、震災メモリアル公園
❻ 名取市災害公営住宅

俯瞰写真提供：株式会社アドステージ

名取川に架かる閖上大橋、仙台市方向を見る

かわまちてらす閖上

かわまちてらす閖上

閖上公民館

名取市震災復興伝承館

サイクルスポーツセンター

慰霊碑、震災メモリアル公園

名取市災害公営住宅

デザコン2020 in 名取　オプショナル・ツアー概要
【日時】2020年12月4日（金）13:00〜16:45
【講師】佐藤 浩（名取市役所建設部閖上・北釜整備課　課長補佐）
【案内役】坂口 大洋（仙台高専〈名取〉）
【参加人数】15人（参加高専の代表教員、仙台高専〈名取〉学生など）
【協力】太田 英男、佐藤 浩、中澤 真哉（名取市役所）、名取市サポートセンター
【ツアー行程】
かわまちてらす閖上 → 閖上公民館 → 名取市震災復興伝承館 →
サイクルスポーツセンター → 閖上地区沿岸部 → 日和山 → 慰霊碑 →
震災メモリアル公園 → 名取市災害公営住宅

空間
デザイン部門

課題テーマ

こどもパブリック

主題は、子供が中心となる持続的な未来の地域デザイン。子供を取り巻く社会環境の多様化で多くの課題が生じているが、問題の解決はいまだ試行錯誤の段階だ。具体的な地域や社会状況を設定し「これまで支える存在であった子供が中心となる場のあり方」「地域の将来を見据えた新たなパブリックデザイン」を提案してほしい。

予選（オンライン方式）	**156** 作品	本選（審査員来場、オンライン方式）	**16** 作品	受賞	**6** 作品

予選（オンライン方式）
2020.08.31-10.02
予選応募
2020.10.12
予選審査

本選（審査員来場、オンライン方式）
2020.12.05
プレゼンテーション
2020.12.06
ディスカッション
公開審査

受賞

最優秀賞（日本建築家協会会長賞）
⑮⓪ 仙台高専（名取）『コドモノママデ』

優秀賞
⓪⓪⑧ 米子高専『町を横断する遊び』
⓪⑧③ 熊本高専（八代）『ヒナグ コドモ びじゅつかん』

審査員特別賞
⑭⑦ 仙台高専（名取）『すみかへ』
⑭⑧ 仙台高専（名取）『蔵ster』

建築資料研究社／日建学院賞
⑮④ 石川高専『いで湯この地に大田楽の時を編む』

最優秀賞

日本建築家協会会長賞

(150) 仙台高専（名取）

コドモノママデ

◎竹中 里来 [建築デザイン学科5年] ／加藤 健吾 [総合工学科Ⅲ類建築デザインコース4年]
担当教員：坂口 大洋 [総合工学科Ⅲ類建築デザインコース]

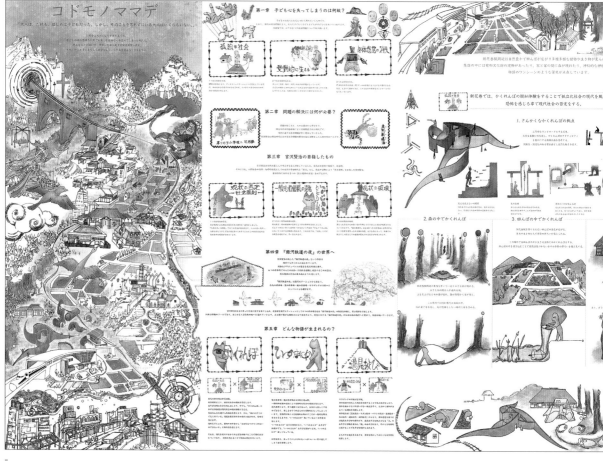

審査講評

「こどもパブリック」という課題テーマに対して、子供目線を、作家、宮澤賢治のストーリーに置き換えながら、建築を構想していく意欲作。建築がシンボル性（＝単体のオブジェクトとしての強さ）を持ち得るかどうかという批評に、体験に基づく作者のストーリーで真っ向から勝負している感じが爽快でさえあった。どこまでがストーリーでどこまでがリアルの街の出来事なのかが、判明しないほどドローイングがすばらしく、建築を通した表現行為（模型や図面などで提案を伝える力）への意識や手法が新鮮であった。作者のこれから先のリアルな街や建築へのコミットメント（参加）が楽しみである。　（西田 司）

この作品は、大きな問題を我々に提示しているのではないか。個性的な表現を用いながら、他のどの提案よりも子供を取り巻く現代社会を厳しい目で批評しているように感じた。決して明るい未来を描いてはいない。孤独や不安といった子供たちが抱える暗い問題に焦点を当て、現状の否定や破壊をめざす。具体的な提案は小さな改修や遊具かもしれないが、童話『銀河鉄道の夜』と重ねた空想と現実とが混ざり合った、その不思議な世界観に強くひかれた。願わくは、作者がつくる大きな建築を見たい。そう思ってしまうほど、期待が膨らむ提案だった。　（畝森 泰行）

岩手県の花巻市を舞台に、当地出身の作家、宮沢賢治作『銀河鉄道の夜』を引用しながら、子供を取り巻く社会に存在するさまざまな問題を掘り起こしていく仕掛けを提案した作品。「こどもパブリック」という課題テーマに対して、「子供社会にもネガティブ（否定的）な要素があるのだ」ということを強く示した唯一の作品で、審査する私のほうがハッとさせられるものであった。宮澤賢治の世界観は圧倒的な画力により表現され、リアルともファンタジーともつかない、独特なドローイングは高く評価できる。この先の展開について、『『鉄道』を切り口にする」ということだったが、地域それぞれで語り継がれている民話や伝説など、「物語」をテーマに各地に同様のパブリック空間を創造する、という展開の可能性もあるのではないかと思った。今回の課題テーマに一石を投じる批評性をもった、優れた作品である。
（栃澤 麻利）

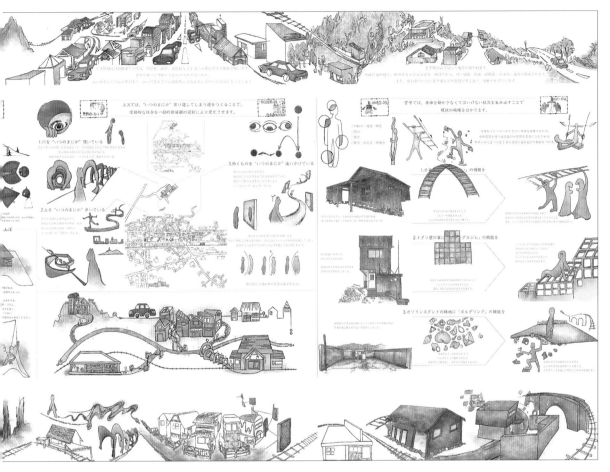

008 米子高専

優秀賞

町を横断する遊び

◎田中 偉央利 [建築学科5年]
担当教員：天野 圭子 [建築学科]

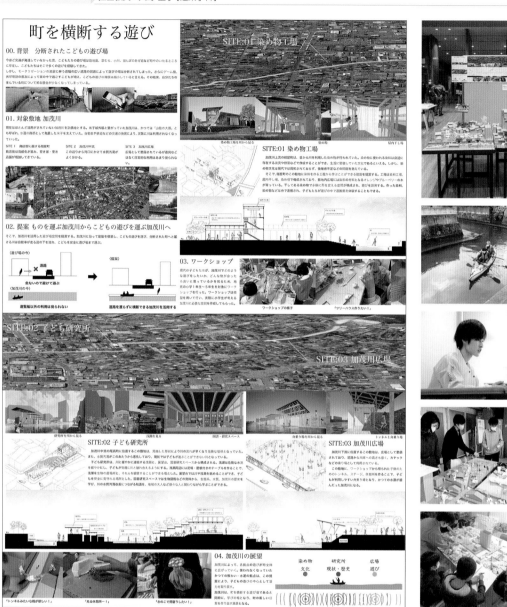

町を横断する遊び

00. 背景　分断されたこどもの遊び場

今まで交通が発達していなかった頃、こどもたちの遊び場は路地裏、空き地、小川、田んぼのあぜ道など町中のいたるところに存在し、こどもたちはそこで歩く遊びを体験してきた。
しかし、モータリゼーションの進展に伴う道路の広い道路の開通などによって遊びの場は分断されてしまった。さらにゲーム機、携帯電話の普及などによって屋内で過ごすこどもが増え、こどもの遊びの時間は減少している。その結果、自分たちの住んでいる町についての愛着がなくなってしまっている。

01. 対象敷地 加茂川

現在はほとんど活用がされていない加茂川を計画敷地とする。米子城外郭と繋がっていた加茂川は、かつては「山陰の大阪」とも呼ばれ、交通の商店として発展しかし米子を支えていた。自動車や鉄道などの交通の発展により、次第に加茂川は利用されなくなっていった。

SITE 1 商店街に接する川
SITE 2 加茂川中流
SITE 3 加茂川河口

02. 提案 ものを運ぶ加茂川からこどもの遊びを運ぶ加茂川へ

そこで、加茂川に沿って提案を模索する。加茂川に沿って提案を模索し、こどもの遊びを運び、分断された町へと繋げる。

〈遊び場の今〉
〈道路〉
危ないので避けて遊ぶ
〈加茂川の今〉
遊覧船以外の利用は見られない

〈提案〉
道路を渡らずに横断できる加茂川を活用する

03. ワークショップ

現代の子どもたちが、加茂川でどのような遊びをしたいか、どんな物があったら良いかを知るため、地元の小学1年生〜5年生を対象にワークショップを行った。ワークショップ模型を用いて、実際に小学生が考える加茂川に必要な空間を作成してもらった。

ワークショップの様子
「ツリーハウス作りたい！」

SITE:01 染め物工場

SITE:02 子ども研究所

SITE:03 加茂川広場

04. 加茂川の展望

染め物 研究所 広場
文化 現状・歴史 遊び

「トンネルみたいな橋が欲しい！」
「光る休憩所一！」
「きのこで雨宿りしたい！」

審査講評

米子で、子供の活動拠点となる3つのSITEを、加茂川によって線状につなげていく、という作品。水辺空間のデザイン、水上交通の提案は大変、意欲的なものとして高く評価した。特に、プレゼンテーション審査で示した、加茂川のシークエンスを表現した動画がすばらしく、オンライン審査ならではの表現手法で、今後の可能性を感じさせるものだった。また、地元の人々へのヒアリング、子供たちとのワークショップの実施、といった設計プロセスも高く評価できる。ヒアリングやワークショップで得られたアイディアをどのように「形」に落とし込むのか、という点において審査員の評価が分かれたが、優秀賞にふさわしい力作である。
（栃澤 麻利）

優秀賞

ヒナグ コドモ びじゅつかん

◎山下 あみ、市原 望愛、大塩 皇龍（5年）、光永 周平（4年）［建築社会デザイン工学科建築コース］
担当教員：吉海 雄大［建築社会デザイン工学科］

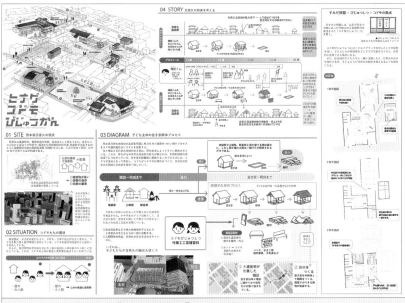

審査講評

歴史ある温泉街のリノベーション（地域再生）。展示ツーリズムという切り口の鮮やかさが群を抜いていた。このままリアルな温泉街で実現してもらいたい。特に、既存の街の読込みから、そこにあるものをアートという編集行為で評価していくリサーチ＆デベロップメント（研究開発）が、リノベーション時代の設計者のアクション（行動）としてすばらしい。6つのエリアごとに手法を変化させており、それらの総体として浮かび上がる提案は、建築が単体のデザインに留まらず、街全体を小さなアクションから変えていける、という実感の伝わるプレゼンテーションであった。

（西田 司）

審査員
特別賞

⑭ 仙台高専（名取）

すみかへ

◎遠藤 天夢［建築デザイン学科5年］／牛澤 知樹（4年）、阿部 直樹（3年）［総合工学科Ⅲ類建築デザインコース］
担当教員：坂口 大洋［総合工学科Ⅲ類建築デザインコース］

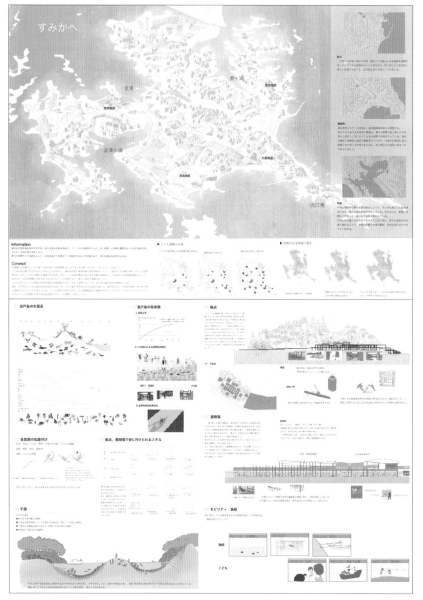

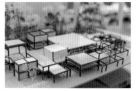

審査講評

温暖化による海面上昇や人口減少による過疎化の進行など、100
年という時間軸の中で変化していく環境と建築の姿、それを取り
巻く（人を含む）多様な生物のありようを示した作品で、これか
ら我々が対峙せざるを得ない大きな問題に果敢に挑んでいる点
を高く評価した。また、宮城県の宮戸島をていねいに観察して描
かれた風景画がすばらしく、強く印象に残っている。海底から伸
びる細い木製フレームに、小魚や子供たちが集まり、群れている
様子は、「こども」を単純な人という分類ではなく、もっと大きな
概念でとらえているようで、新しさを感じた。「RC（鉄筋コンク
リート）で作られたグリッド・フレーム（格子状の柱、梁）が、宮戸
島の環境や子供たちの活動に必要だったのか」という審査員から
の問いに対しては、明解な回答を示してほしかった。（栃澤 麻利）

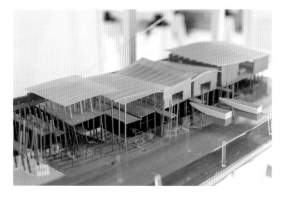

(148) 仙台高専（名取）

蔵ster
（くらすたー）

◎菅野 瑞匕、村主 太陽、吉光 賢太郎 [総合工学科Ⅲ類建築デザインコース4年]
担当教員：坂口 大洋 [総合工学科Ⅲ類建築デザインコース]

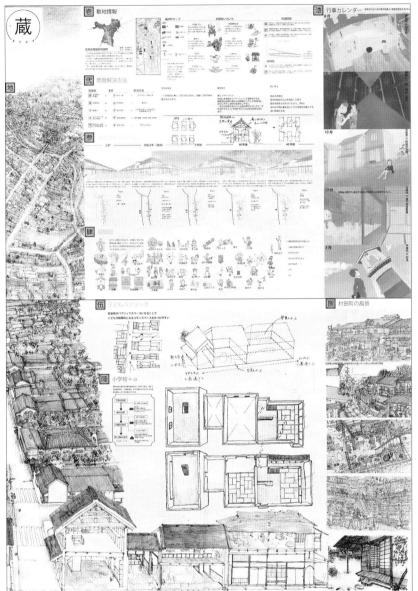

審査講評

伝統的建造物群保存地区の歴史ある蔵を教室に改修し、時間
をかけて少しずつ街全体を小学校にする提案。大変魅力的なス
トーリーであり、またリアリティもある。この少子化の時代に、
学校のあり方自体も問われている。どこで学ぶのか？　誰に学
ぶのか？　そして何を学ぶのか？　その1つ1つにあらゆる可能
性があり、この提案によって、たとえば路地や店舗、広場など、
蔵以外の街にあるさまざまな場所も変わるはずだ。そのように街
全体に波及する大きな学校像を、鮮やかに、そして具体的に示し
てほしかった。
（畝森 泰行）

建築資料研究社／日建学院賞

⑮ 石川高専

いで湯この地に大田楽の時を編む

◎田畑 快人（5年）、山下 千奈（4年）［建築学科］
担当教員：道地 慶子［建築学科］

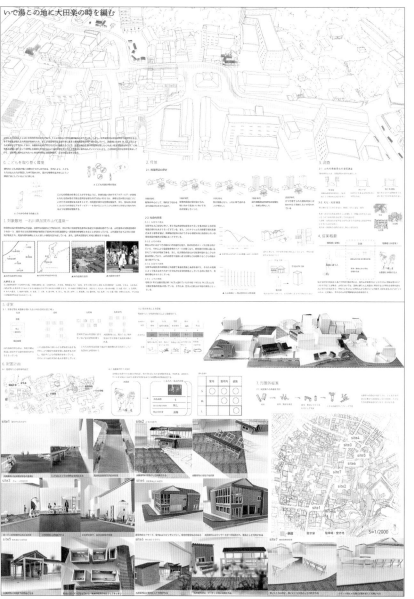

審査講評

大田楽という非日常的な時間のデザインと、普段の街の日常とを掛け合わせた設計のおもしろさを感じた。日本人は古来、四季折々の伝統行事を行なっており、日本にはその時期だけ建築や街の風景が変わることを楽しんできた生活文化がある。この提案では、そんな時間のデザインを楽しんでいる。時間軸を持ち込むことで、本来はハード（固定されて）で動かない建築を、風景のデザインとしてていねいな模型やプレゼンテーションで紹介していることに好感をもてた。ここで着眼した古い建物だけでなく、その街固有の伝統文化などをリデザイン（再設計）することは、街の固有性や体験価値を設計する動きにつながりそうだ。大田楽の演目により、街が変わっていく様を、ぜひ実際に見てみたい。

（西田 司）

Free Office —— アフターコロナの現代社会を生きる子どもたちと私たち

◎藤井 光、河津 佑亮、仙田 璃温、角田 元春［建築学科4年］
担当教員：小椋 弘佳［建築学科］

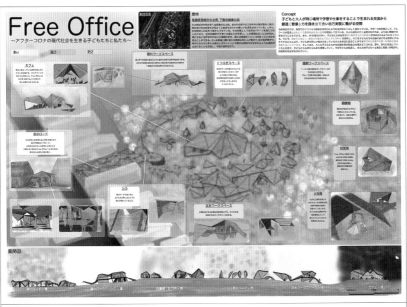

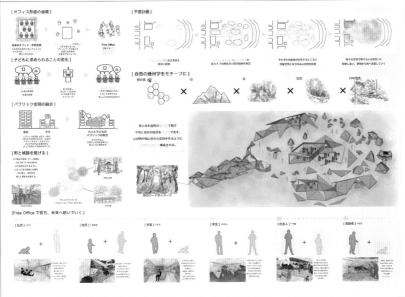

審査講評

「アフター・コロナの働く場を子供の活動の場と融合させる」という提案。今、正に直面している時代の変化を敏感に感じ取って建築化した点を評価した。CLT[*1]の三角形パネルによる多面体の屋根は、原っぱの中で美しい風景をつくり出し、半屋外の多様な人の居場所が生み出されている。また、この場所での活動の記憶が未来へとつながり、人の循環を生み出していく、という提案も高く評価できる。

一方で、この多面体の魅力的な建築群はエリア内で完結しており、テーマパーク化しているのではないか、という懸念が残った。周辺の森や街との連続性が希薄に見える点についても改善の余地があるように思う。

（栃澤 麻利）

註
*1　CLT（Cross Laminated Timber）：直交集成板。ひき板を繊維方向が直交するように積層接着した木質系パネル。軽量で、従来の集成材より高強度。

本選作品

⑫ 豊田高専

廃墟≒洞窟＝遊び×学び

◎稲垣 穂高、佐藤 優真［建設工学専攻専攻科1年］
担当教員：竹下 純治［建築学科］

審査講評

廃墟という言葉にひかれた。古く、時間を重ねて朽ちた商業ビルの姿には、言葉にできない不思議な魅力がある。それは目的や役目を失ったからこそ可能な、環境的とも言える建築のあり方であり、また現代的なテーマだ。だが、この提案はどこか計画的な作品になってしまった。洞窟を思わせる不思議な空間の中に、機能を加えたり、モノを当てはめたりする必要などなかったのではないか。暗闇の中に光が落ち、至るところに風が抜ける。植物が生え、虫や鳥が棲みつくような、もはや建築かどうかもわからない、まさしく廃墟の空間こそ、子供たちの最高の遊びと学びの場になり得たのではないだろうか。　　　（畝森 泰行）

本選作品 ⑤058 舞鶴高専

居場所の原風景

◎田中 大智 (5年)、今村 恒規、谷口 未来 (4年) [建設システム工学科建築コース]
担当教員：尾上 亮介、今村 友里子 [建設システム工学科]

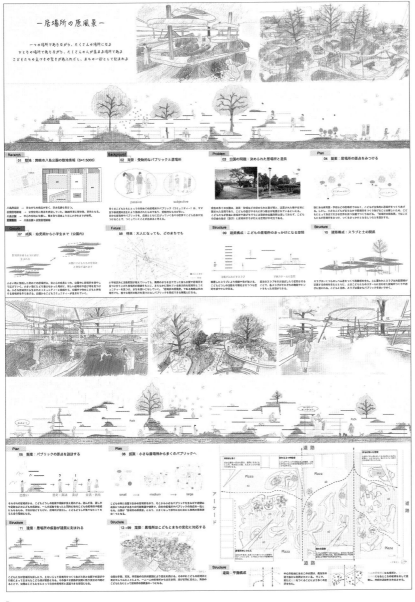

「現在の公園は、子供たちの自由な居場所になっていないのではないか」という批判的思考に基づき、公園を本当の意味での子供たちの居場所にするために、子供自らが居場所をつくり、発見するための仕掛けを提案した作品。言わば子供たちの「自治空間」としての公園の提案で、視点は非常におもしろい。

一方で、その「仕掛け」である積層されたRC（鉄筋コンクリート）のフラット・スラブ（水平床版）が大袈裟で、ともすると殺伐とした風景をつくり出してしまうのではないか、という点が懸念された。また、小さな居場所の発見と創造が街中へ広がっていく、という提案に対して、具体的な仕掛けと効果が示されるとより良かったと思う。

（栃澤 麻利）

本選作品

(105) 明石高専

センス・オブ・ワンダーランド

◎寺尾 心作、杉山 峻涼［建築学科5年］
担当教員：水島 あかね［建築学科］

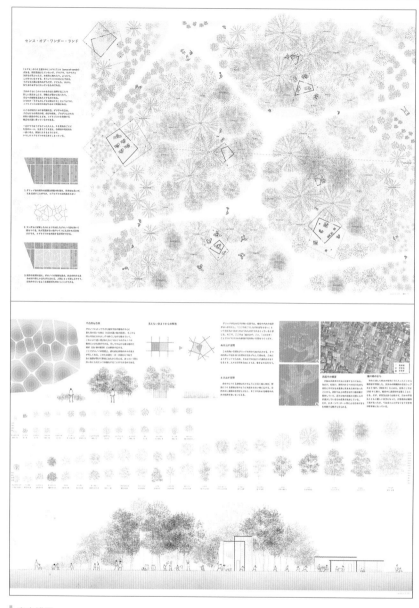

審査講評

プレゼンテーションで示された風景の美しさや、ランドスケープ（景観）への意識がすばらしい。建築は建物単体の固有の話ではなく、自然環境やその周囲に現れる風景の総体である。この提案では、既存市街地が、ランドスケープの提案により変わっていく時間軸が示されている。同じ場所が、全く異なる風景や体験に変わることは、提案の神秘さ、不思議さ、そして強さを示しており、そこには建築と自然という二項対立の図式を崩す現代的な思想がある。

この提案は、既存の街区を自然環境の循環の場に変えていくきっかけになると思うので、ぜひとも、その影響を受ける既存建物や周辺街区が、提案するランドスケープや自然の循環と接点を持つことで、次世代の暮らしや街をどうつくるかまで踏み込んで検討してもらいたい。
　　　　　　　　　　　　　　　　　　　　　　　（西田 司）

めぐり・であいの廃線路

◎石井 大治朗 [建築学科5年]
担当教員：東野 アドリアナ [建築学科]

審査講評

遊歩道になった廃線路に着目し、廃線路沿いに複数の建物を計画する提案。移動式建築の提案は興味深く、全体的によく考えられているが、その一方で、それぞれの建物が点的な提案に留まっており、最も特徴的な6,400mという敷地の「長さ」を活かせていないように思えた。長い距離を持つ敷地ということであれば、ここに建つ建築はさまざまなものに接することができ、また連続的な体験も生まれる。それは、点的な建築ではない、土木構築物的スケールのもつ大きな可能性である。たとえば、遊歩道自体を設計してはどうか。あるいは、移動式建築と点的建築群にもっとつながりをもたせてはどうか。もっと「長さ」に挑んでほしかった。
（畝森 泰行）

本選作品

⑭ 仙台高専（名取）

Vivarium —— 海と人と生命の関係を再構築

◎宍戸 奎介［生産システムデザイン工学専攻科建築デザイン学コース専攻科2年］／佐藤 果穂（4年）、小栗 昂大（3年）［総合工学科Ⅲ類建築デザインコース］　担当教員：坂口 大洋［総合工学科Ⅲ類建築デザインコース］

審査講評

宮城県南三陸町の海の生態系と人間の体験の接点をつくり出す建築。ここでいう建築がどこまでを指すのかが、興味深い。海までが建築なのか、屋内屋外問わずここでの体験を享受する場が建築なのか、建物だけが建築なのか。この建築という概念を考えることを僕らに突きつける設定は、とても示唆的である。その提案が持つ現代的な射程あるいは波及範囲に対して、プレゼンテーションで示された建築のとらえ方が、少し堅い印象を受けた。
ぜひ、この敷地に何度も通い、ここでしか生まれない建築の姿を考えてもらいたい。潮の満ち引きさえも、建築と思えるようになってくると、風景と建築と体験が一体のものとなるであろう。

（西田 司）

⑭142 仙台高専（名取）

気づくこと　築くもの

◎羽田 知樹［生産システムデザイン工学専攻建築デザイン学コース専攻科1年］／丹野 太雅（4年）、朝倉 眞紘、大槻 朱奈（3年）［総合工学科Ⅲ類建築デザインコース］　担当教員：坂口 大洋［総合工学科Ⅲ類建築デザインコース］

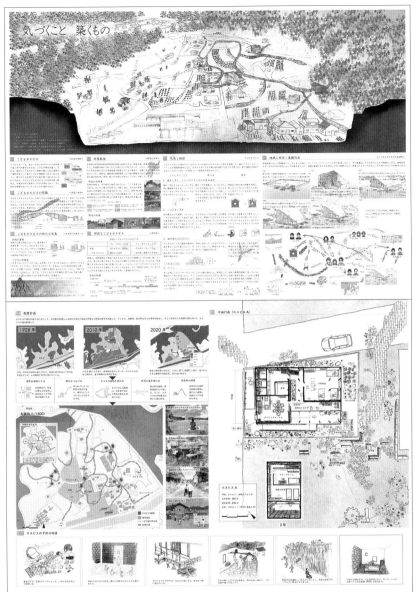

審査講評

人口減少が著しい集落に子どもホスピスを埋め込んでいく、という難しいテーマに挑戦した作品で、ていねいなリサーチに基づく詳細な設計には大変、好感を持った。地場産の石を用いて人と人をつなぎ、記憶を紡いでいく、というストーリーは高く評価できる。

一方で、集落全体の提案であるにもかかわらず、建築の提案がホスピス1棟で終わってしまったこと、提案された1棟が普通の住宅と大きく変わらないように見えてしまうことについては、再考の余地がある。ホスピス同士やホスピスと既存住宅との関係、エリア（地区）とエリアの関係性から、新しい空間の提案が見られるとさらに良いものになったと思う。　　　　（栃澤 麻利）

(146) 仙台高専（名取）

還じて、鏈じて、── 森に還して、土地に鏈る

◎青山 愛華［建築デザイン学科5年］／直井 尚大（4年）、髙橋 涼馬（3年）［総合工学科Ⅲ類建築デザインコース］
担当教員：坂口 大洋［総合工学科Ⅲ類建築デザインコース］

審査講評

敷地すべてが徐々に森に還っていく、そのストーリーは美しく魅力的だ。また、斜面に建つ建築群にも可能性を感じた。だが、そういったストーリーや建築の美しさは、リアリティと表裏一体でもあり、ここではどのように森に還っていくのかという具体性が重要だったのではないか。たとえば、どのように建物を減築し、木を植えるのか。いかに斜面や川を活用するのか。また、幼い子供たちがどのようにこの計画に関わり、森を維持していくのか。表面的な美しさの裏に隠れたそれらの問題は、我々が今、直面している問題であり、その中に次の段階への突破口があるのではないだろうか。

（畝森 泰行）

⑭ 仙台高専（名取）

屋台と家の余白

トゥンガラグ・ニンジン［生産システムデザイン工学専攻建築デザイン学コース専攻科1年］／◎山下 翔大［建築デザイン学科5年］／太田 駿之介
［総合工学科Ⅲ類建築デザインコース4年］　担当教員：坂口 大洋［総合工学科Ⅲ類建築デザインコース］

審査講評

作品名が良い。敷地や街のリサーチを繰り返すと、建築をつくる敷地はどんどん見つけられる（提案のチャンスが増える）ということに気づかされた。どこにでもありそうな既存住宅地において、敷地境界を曖昧にしていくことで、これまでの近所や隣との関係性も曖昧になるという、子供目線でのパブリック・センス（公徳心）が提案の随所に現れていることに好感を持った。自分の家さえも、地域のパブリックを担えるとなった時に、そこでの暮らしや「アキナイ（商）」の循環などが、住宅を再構築し、新しい建築を生み出せる土壌になると感じた。ぜひ、この延長線上で、屋台に留まらず住宅街全体を設計していってもらいたい。

（西田 司）

教えあう 寄道裏道 秘密基地

◎北本 猛流（5年）、村田 有麻（4年）［建築学科］
担当教員：道地 慶子［建築学科］

空間デザイン

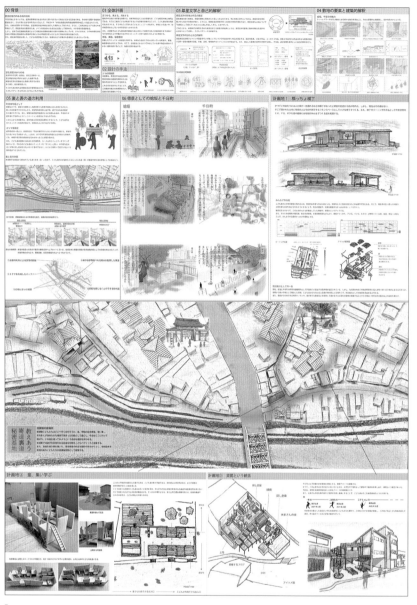

審査講評

作家、室生犀星の作品から61の要素を抽出し、計画につなげる案。個人の文学作品が街をつくっていく、そこに大きな可能性を感じた。最も個人的なところから大きな街をつくる、もっと言うと街の法律を変えてしまうようなスケールを超えた提案としての迫力がある。かつて建築界を席巻した『パタン・ランゲージ*²』とは異なる、新しい都市計画の手法に思えた。
それ故に、計画地を3つに限定する必要があったのか、疑問が残る。また、その建築と61の要素との関係もわかりづらかった。作者のやさしさに反し、この提案は路地や塀、軒先や家具など街を形作るあらゆるものを評価の対象にでき、また設計できる強烈な提案になり得た。
（畝森 泰行）

註
*2　パタン・ランゲージ：建築家、都市計画家のクリストファー・アレグザンダーが提唱した建築と都市計画に関わる理論。従来より街と建物に頻繁に見られた関係性（パタン）をランゲージ（建築言語）として、文法のように共有することで、住民誰もが建築やまちづくりのプロセスに参加できる方法

本選

*文中の作品名は、サブタイトルを省略。高専名（キャンパス名）『作品名』［作品番号］で表示
*文中の［　］内の3桁数字は作品番号

 000：数字は作品番号（本書31〜35ページ）

本選審査総評

どんどん成長する提案

西田 司（審査員長）

建築に対峙する姿勢と思考した時間

　本選が終わって振り返ると、新型コロナウイルス感染症（COVID-19）拡大の影響でプレゼンテーションがオンラインと模型に限定されていたにも関わらず、建築に向けた前向きさと設計にかけた時間が、提案を通して花開いたデザコン2020だった。

　本選審査に残ったどの作品も、自身の建築への興味や探究心を提案に載せた上で、オンライン方式のメリットを最大限駆使したプレゼンテーションがすばらしかった。栃澤審査員が語ったように、どの案にも、リサーチから最終提案まで、審査員を飽きさせない骨太感があり、加えて動画を活用した表現と模型の密度の高さが審査員を引きつけていた。

　事前に2日間にわたって審査を行なうと聞いてはいたが、驚いたことに、わずか2日間のうちに、明らかに提案の深さや内容がアップデートしていた。例えるなら、格闘家が試合で闘いながら、相手とのやり取りを通じて強くなっていくように、本気の審査員との対話を通して、提案の内容は深みを増し、どんどん成長していくようなワクワク感があった。

　以下、僕がメモしたディスカッションの審査過程でのキーワードを記すが、とても現代的な建築のテーマばかりで、新しい建築の地平が切り拓かれる土壌を力強く感じた。

　「森に負ける」「思い出、記憶が展示品」「エリア・リノベーション（地域再生）の新しい手法」「自然環境の居場所の合理性」「育てる建築」「屋台のつくる中間領域」「継承とデザイン」「テント的建築」「子供がコンクリを施工する」「創造的な破壊」「まち使いの学校」「廃墟は環境」「壁を崩す」「法律をつくる」「建築は必要か」、etc.。

優劣付けがたい2作品の激戦

　そんな中で、最優秀賞の仙台高専（名取）『コドモノママデ』［150］と、優秀賞の米子高専『町を横断する遊び』［008］の2作品は、これまでの建築の考え方、組み立て方から、もう一歩先に球を投げようとしている苦悩がより強く現れており、僕自身もうまく言葉にできない建築の新しさ＝おもしろさに触れている感覚があった（今回のような審査会の魅力の1つは、審査している側の意識の外側にある価値に気づける＝言語化できない手法や建築の萌芽に触れることである）。

　残念なことに賞の特性上、やむなく最優秀賞と優秀賞と2つに振り分けてしまったが、2作品とも最優秀賞でいいと思うくらい、審査員も議論に巻き込まれ（頭を悩ませ）気持ちが高揚する審査であった。

　こういう時間は、貴重であり、正直に言って楽しい。そう、いつも思うことであるが、建築は、誰に対してもひらかれている。それはでき上がった建物に関してだけではないし、もちろん、経験や知識の量だけでもない。今回は、建築の多面的な楽しさについて考えたり、設計したりすることの価値に1人1人が自分のこととして向き合う喜びを、審査を通して応募者と一緒に模索できた時間であった。

本選審査経過

オンラインと実物模型によるハイブリッド型審査で多様な可能性を評価

会場設営、展示：
全応募作品のプレゼンテーションポスターを展示

　本選は、新型コロナウイルス感染症（COVID-19）の予防のため、オンライン審査と実物審査（模型、展示）を合わせたハイブリッド型の審査方式となった。本選作品の模型とプレゼンテーションポスターを展示した主会場に来場した審査員と、所属高専で待機する参加学生をインターネット回線でつなぎ、ビデオ会議アプリ「Zoom」を利用して実施した。

　開催前日の12月4日（金）午後より、仙台高専（名取）の教員と学生、他高専の教員から成る運営スタッフを中心に展示と審査用機材の設営準備を開始した。

　展示会場となった3階小ホールは、日本を代表する建築家である槇文彦の設計による名取市文化会館の中でも、開放的な劇場空間として最も特徴的な空間の1つということもあり、その空間を生かした展示が実現できたのではないだろうか。

　まず、仮設のパーティションを設置した上で、本選参加作品の展示（ホワイエ）、予選未通過作品の展示（演劇練習室）の2つに分けて作業した。

　予選審査を通過した本選作品は16作品。作品ごとに1,800mm×1,800mmの展示ブースが与えられ、運営スタッフが木材とグリップで制作したソーホース・テーブル（作業台／制作：権代由範）の上にそれぞれの模型を設置し、仮設パーティションにA1判サイズ2枚のプレゼンテーションポスターを展示した。

　展示設営の手順としては、まず、プレゼンテーションポスターと模型を梱包して搬送された各作品の荷物を、参加学生に代わり来場した参加各校の教員1人の立ち合いの下、1作品ずつ、運営スタッフが開封した。教員が来場できない作品は、オンラインにより模型の状況などを確認しながら、設営作業を行なった。模型設営は作品ごとに運営スタッフの学生2人が設営を支援し、開封して破損などがある場合は、原状復旧（破損している部分の修復）の範囲で修復し、展示設営を進めた。今回は通常とは異なる審査方式と設営を行なうために、運営スタッフ

が、本選作品の教員や学生と何度か電子メールでやり取りし、本選作品の教員とオンライン・ミーティングを行なうなど、展示設営の方法を検討した上で、ルールを設定した。

　また、例年、展示スペースが足りず、予選未通過作品はモニタ上での紹介に留まることが多かったが、今年はA1判サイズ1枚のプレゼンテーションポスター、140作品分を展示し、審査経過を紹介した。展示に際しては、予選審査の際に、1次審査で得票し予選通過候補となった11作品（本書40ページ表6参照）とそれ以外の作品とを分類した。

プレゼンテーション：
模型を見ながら説明を聞き、審査員が作者の完成イメージを共有

本選審査は、2020年12月5日（土）、6日（日）の2日間を通じて行なわれた。

12月5日（土）のオリエンテーションでは、前日に展示物を設営した会場において、本選参加16作品の学生たちに対して、オンライン審査で使用するZoomの設定の確認などを含めたガイダンスを行なった。まず、プレゼンテーションの方法の確認と注意事項などについて運営スタッフが説明した。また、今回はオンライン審査で本選参加学生同士が顔を合わす機会がないため、この時間を利用して、参加学生が順に自己紹介を行ない、最後に、「オンラインあみだくじ」による抽選で各審査過程での審査順を確定した（本書34ページ表1参照）。

13:15、会場に迎えた、西田司（審査員長）、畝森泰行、栃澤麻利の3人の審査員から予選審査の総評と、本選審査に期待するメッセージが贈られ、下記の要領でプレゼンテーションの審査過程を開始した。

①審査順に、1作品あたり13分間（プレゼンテーション7分間、審査員からの質問6分間）＋交代1分間。

②各作品のプレゼンテーション（発表）は、参加学生が所属する各高専からZoomの画面共有機能により資料を示しつつ行なう。

③審査員から出た質問への回答は、基本的に翌日（6日）のディスカッションの審査過程時に対応すること。

④審査員は会場で、展示された模型とプレゼンテーションポスターを確認しながら各作品のプレゼンテーションを聞く。

⑤適宜、会場にある模型を画面上に映写する。

この過程の目的は、審査員が作品の内容を確実に把握し、翌日のディスカッション審査に向けた「問い」を各学生に与えることである。審査中は、各所属校から配信されるZoomの画面と、会場に展示されている模型をビデオカメラで撮影した映像とを、会場のスクリーンに映写し、その2つの画面を1つの画面として合体し、YouTubeを介してウェブ上にライブ配信した。審査員席のパソコンのモニタには、審査中の作品のプレゼンテーションポスターのpdfファイルを画面共有する形で表示した。

各作品のプレゼンテーション開始前に、運営スタッフの学生が、作品の模型を審査員の前のソーホース・テーブルに運んで設置するとともに、プレゼンテーションポスターを掲示した。

参加学生たちは、作品の全体像と具体的な提案内容、予選段階からブラッシュアップした点について説明し、起承転結の明確な構成、動きをつけた映像や聞き取りやすい話し方など、オンラインでも内容をわかりやすく伝えて聴衆にアピールするよう工夫していた。

審査員からは、[154]には「樹木をどう伐採して、どう運んできて、どう処理するのかなど、具体的な計画がほしい」（畝森）、[083]には「どんな全体像ができて、どんな体験ができるのかわかりやすく説明してほしい」（畝森）、[147]には「かなり大掛かりな模型だが、どこまでが子供の作る部分で、どこまでが設計している部分で、両者はどう関係しているのかが、よくわからなかった。補足説明が必要」（栃澤）、[119]には「移動式建築と既存建築の接面をどう設計するかに建築家として興味をもった。その点をもっと説明してほしい」（西田）、[008]には「プレゼンテーションがうまい。オンライン方式のプレゼンテーションの可能性を感じた」（西田）、[006]には「作品だけで完結しているように見えるが、周辺との関係を知りたい」（畝森）など、評価した点と翌日までに検討すべき課題を含めた質問が投げかけられた。

作品ごとの交代はスムーズに進み、途中、画像データのトラブルの生じた作品[148]もあったが、懸念されていたインターネット接続の問題はほとんどなく、当初のスケジュール通りに進行することができた。

無事に全16作品のプレゼンテーションが終わり、各審査員からコメントがあった。「投げかけに対する明日の答えを期待する。トータルな計画案を聞きたい」（畝森）といった厳しいコメントの一方、「自身が高専の学生の時にデザコンがあって応募したら、本選に残っていなかっただろう」（畝森）という本選参加学生へのエールや、「プレゼンテーションの密度が高く、7分間をうまく使っている」（栃澤）、「審査員からのコメントは批判ではない。建築の将来を考えるために、一緒に対話したいという思いである」（西田）という明日への期待のこもったコメントもあった。

空間デザイン

ディスカッション：
前日の審査員からの質問にどれだけ答えられるかが勝負

　2日めは、前日と同じ会場で、9:15からディスカッションの審査過程。本選参加学生は前日同様、オンライン参加となった。各作品ごとに、まず、参加学生が、前日の審査員からの質問やブラッシュアップの要望に対する回答をショート・プレゼンテーション（以下、ショートプレゼン）。その内容を踏まえて、審査員と参加学生のディスカッションを行なった。1作品の持ち時間は10分間、ショートプレゼン2分間、ディスカッション8分間という時間配分で進行。前日と同じ順番（表1参照）で、前半8作品と後半8作品の間に5分間の休憩をはさんだ。

　各作品ともに、前日の「問い」へ回答するために新たな資料や画像を用意し、入念に練った内容でショートプレゼンに臨んだ。さらに一歩踏み込んだ提案や新たな切り口を示した作品も多かった。初日同様、参加学生が画面共有した資料や画像と、会場の模型や審査員の映像が、進行に応じて会場のスクリーンに大きく映し出された。ショートプレゼンを契機として参加学生と審査員との間で、活発な議論が進む。両者間の物理的な距離を感じさせない、一体感のある白熱した議論が展開し、充実したディスカッション審査となった。

　2作品続けて、議論が盛り上がり、どうしても時間が超過して

しまう状況になったため、時間を有効利用できるように、3番めからは10分間が経過した時点で、次の作品の模型と入替え作業を開始。模型を入れ替える間も議論を続けられるようにした。

　ディスカッションでは、課題テーマに応えて提示した空間に関する審査員の深い洞察に加え、建築がモノとして存在するがゆえのデザインの規律、建築を考える上での合理性、デザイン手法の展開にも話が及んだ。

　完成形までをストーリー化した[058]では、「子供たちに任せて過剰に準備しない、という英断もある」（畝森、栃澤）との指摘に、学生は「この公園では1人の居場所をつくることを考えているので、他の場所と違って、いろいろと準備してある」と明確に応答。[154]では、学生の「周辺環境を活かしながら建築するのが難しいと考えて、あえてその要素を具体的にイメージしなかった」という説明に対して、「建築を作ることには覚悟がいる。私はこういう思想で、こうしたいから、こう作るんだと宣言する必要がある」（栃澤）と厳しい指摘があった。また、[149]には「1990年頃には住宅を設計しても建築家として認められなかったが、30年後の今では住宅を設計することは建築家として当たり前のことになった。この屋台を作ることも、30年後には建築家の仕事として認められるかもしれない」（西田）の応援も。

　[105]では、「予選時のプレゼンテーションポスターでは周囲に既存の建物があったのに、本選では無くなっていることに違和感を覚える。提案する風景と既存建物との関係をどうとらえているのか」（西田）に対し、「既存の建物に対して何かアプローチすることは考えていなかった」と学生は戸惑いながら返答した。[150]には、「既存建築が持っている空気感と、この提案でやろうとしていることとが衝突した時に、クリエイティビティ（創造性）がもっと高まるのではないか。そういう期待感がある」（西田）と作者が気づかなかった可能性を指摘。こうした指摘に感動する学生の姿が多々見られた。

表1　本選 —— 抽選による各審査過程での審査順

初日 プレゼン テーション	2日め ディス カッション	作品 番号	作品名	高専名 （キャンパス名）
1	1	146	還じて、鎹じて、	仙台高専 （名取）
2	2	083	ヒナグ コドモ びじゅつかん	熊本高専 （八代）
3	3	147	すみかへ	仙台高専 （名取）
4	4	058	居場所の原風景	舞鶴高専
5	5	119	めぐり・であいの廃線路	明石高専
6	6	154	いで湯この地に大田楽の時を編む	石川高専
7	7	149	屋台と家の余白	仙台高専 （名取）
8	8	140	Vivarium	仙台高専 （名取）
9	9	008	町を横断する遊び	米子高専
10	10	006	Free Office	米子高専
11	11	150	コドモノママデ	仙台高専 （名取）
16*1	12	148	蔵ster	仙台高専 （名取）
12	13	012	廃墟⇆洞窟＝遊び×学び	豊田高専
13	14	142	気づくこと　築くもの	仙台高専 （名取）
14	15	153	教えあう 寄áñ道裏道 秘密基地	石川高専
15	16	105	センス・オブ・ワンダーランド	明石高専

註　＊1：発表者の機材トラブルにより順番を最後に変更
　　＊表中の作品名はサブタイトルを省略

空間デザイン

公開審査：
作品の可能性を多様な視点から拾う議論

　2日間にわたる審査過程を受けて、2日めの午後から同会場で公開審査を実施した。当初、13:30～14:30で予定していたが、午前中のディスカッションが予定時間を超過したため、公開審査は14:00からの開始となった。

　まず、各審査員が本選全体への総評を述べ、続いてそれぞれが最優秀賞を含めて入賞の候補となる5作品を推薦した。投票の結果、3票が[008][083][150]の3作品、2票が[147][148]の2作品、1票が[153][154]の2作品となり、協議の上、この7作品を受賞6作品の候補とすることになった（表2参照）。

　ここから受賞候補となった各作品に対して審査員の議論に入った。課題テーマの読込み、提案の主題、切り口の多様性、提案内容の具体性、初日のプレゼンテーション審査からのブラッシュアップ具合など、多様な視点からディスカッションが展開し、作品それぞれが有していた潜在的な可能性やおもしろさが浮かび上がる光景は、正に公開審査ならではであった。

　まず、1得票の2作品について、投票した審査員が推薦する理由を説明。[153]には「法律を作ることで街を変えられ、地域の愛着を表現できる。それが、室生犀星の文学から始まることに気づいた点を評価する」（畝森）、[154]には「歴史や文化の継承の仕方に新しさとおもしろさがある」（西田）と魅力を指摘した。続いて、2票の2作品に関しては、優劣の議論をした。[147]では「生態系や環境といった未来のテーマを扱っていながら、提案した拠点施設のグリッド・フレーム（格子状の柱、梁）の意味が不明。だが、ドローイングのすばらしさがその欠点を上回る」（栃澤）、「評価はしている。とは言え、3つの敷地の関連性が不足しているのでは」（畝森）などの指摘があった。[148]は、「蔵よりも、地域全体の学校像に発展できる提案であることが魅力なのに、実現される具体的な風景が見えてこない点で、もの足りない」（栃澤）と指摘された。

　残り時間が少なくなる中で、3得票の作品を対象に議論が展開した。[008]は「地域でのワークショップやヒアリングの結果、カヤック乗り場の魅力が相まって建築に昇華している。プレゼンテーションもうまい」（西田）と高評価。[083]は「既存建築の壊し方さえもクリエイティブで、エリア・リノベーション（地域再生）の新しい手法を生み出している」（栃澤）、「単なる廃墟に見えるけれど、作者は美術館だと言う。そのギャップこそが新しい建築の生まれる種だと思う」（西田）と評価された。[150]は、「たった1つの建築でも世界を変えられる。そんな建築の力を信じられる提案だ」（畝森）と評価された。協議の結果、2得票以上の5作品が、上位3作品の候補となった（表2参照）。

　閉会式の時刻が迫り、運営スタッフに急かされる中、上位5作品の各学生からそれぞれ20秒で一言メッセージをもらった後、審査員1人2票で投票。投票結果をもとに協議し、得票上位2作品[008][150]を最優秀賞、優秀賞の候補に、「温泉街の地域再生プロジェクトとしては評価できるが、今回の課題テーマ『こどもパブリック』に合致しているのか」と疑義が呈された[083]と[147]を3位候補（優秀賞）とすることで合意した（表3参照）。

　上位2作品[008]と[150]は、各審査員の評価を総合すると同等であった。子供の発想を計画のプロセスに内包し、川を中心とした多様な提案を試みた[008]と、独創的なプレゼンテーションと大人を含めて子供的な視点の本質を宮沢賢治の童話作品をモチーフに展開した[150]は、いずれも審査員から高い評価を受け、白熱したディスカッションとなった。大会規定により、2作品を最優秀賞にはできない。「こどもパブリック」が何なのかと審査員に対して問いかけている点、審査員長自身が想像できなかった設計プロセスを提案している点、そして、設計のあり方と建築のとらえ方に可能性を感じた点を評価し、最終的には西田審査員長の期待を込めて[150]を最優秀賞とした。

　続く[083][147]から3位（優秀賞）を選ぶ投票により、[083]が優秀賞となった（表4参照）。最後に各審査員が1作品ずつ推薦し、審査員特別賞は、縮尺1/1スケール（原寸大）の展示空間模型を作成し、ランドスケープ（景観）を詩的に提案した[147]と、歴史的価値のある地域全体を学校として読み解いた[148]が受賞。地域の伝統芸能の再生を軸とした[154]は、今回、創設された建築資料研究社／日建学院賞を受賞した（表5参照）。

　各賞決定後、審査員から「オンラインだが、会場には模型がそろい、いい審査となった」（栃澤）、「20年で高専がこんなに変わるとは思わなかった。建築は20年よりもっと長い。考えること、作ることを続けてほしい」（畝森）、「コロナ禍の中で設計し、プレゼンテーションするという限られた表現方法ではあったが、各作品に新しい建築が生まれる可能性を感じた。今日の思いを胸に明日から建築を作ってほしい」（西田）と参加学生全員にメッセージが送られた。

　公開審査全体を通して、各審査員がそれぞれの作品が持つ可能性を、多様な視点から読み解き、拾い上げた。それをもとにディスカッションが展開されたことで、単なる評価ではなく、課題テーマそのものと、社会との関係を深く意識するとともに、建築の可能性に参加者全員が気づく議論の場となったのではないだろうか。

　また、本選全体を通して、プレゼンテーションとディスカッションの審査過程中、審査員の前に模型が展示されていて、本選参加作品のめざすべき空間を審査員と学生で共有できた点が、審査員の作品に対する理解を深めるのに役立ったようだ。

（坂口　大洋　仙台高専〈名取〉）

表2　本選 —— 第1回投票　集計結果（1人5票をめやす）

作品番号	作品名	高専名（キャンパス名）	西田	畝森	栃澤	合計	受賞
006	Free Office	米子高専				0	
008	町を横断する遊び	米子高専	●	●	●	3	上位3作品の候補へ
012	廃墟≒洞窟＝遊び×学び	豊田高専				0	
058	居場所の原風景	舞鶴高専				0	
083	ヒナグ コドモ びじゅつかん	熊本高専（八代）	●	●	●	3	上位3作品の候補へ
105	センス・オブ・ワンダーランド	明石高専				0	
119	めぐり・であいの廃線路	明石高専				0	
140	Vivarium	仙台高専（名取）				0	
142	気づくこと 築くもの	仙台高専（名取）				0	
146	還じて、鎖じて、	仙台高専（名取）				0	
147	すみかへ	仙台高専（名取）	●		●	2	上位3作品の候補へ
148	蔵ster	仙台高専（名取）		●	●	2	上位3作品の候補へ
149	屋台と家の余白	仙台高専（名取）				0	
150	コドモノママデ	仙台高専（名取）	●	●	●	3	上位3作品の候補へ
153	教えあう 寄道裏道 秘密基地	石川高専		●		1	上位3作品の対象外へ
154	いで湯この地に大田楽の時を編む	石川高専	●			1	上位3作品の対象外へ

註（表2～5）
＊1　最優秀賞：最優秀賞（日本建築家協会会長賞）
＊表中の●は1票
＊表中の作品名は、サブタイトルを省略

表3　本選 ── 上位3作品への投票　集計結果（1人2票をめやす）

作品番号	作品名	高専名（キャンパス名）	西田	畝森	栃澤	合計	受賞
008	町を横断する遊び	米子高専	●	●	●	3	上位2作品決定→優秀賞
083	ヒナグ コドモ びじゅつかん	熊本高専（八代）				0	3位決定選へ
147	すみかへ	仙台高専（名取）			●	1	3位決定選へ
148	蔵ster	仙台高専（名取）				0	
150	コドモノママデ	仙台高専（名取）	●	●		2	上位2作品決定→最優秀賞*1

＊投票結果をもとに、上位2作品を審議し、協議により各賞を決定
＊協議により、作品番号083と147が3位（優秀賞）候補に決定

表4　本選 ── 3位（優秀賞）作品への投票　集計結果（1人1票）

作品番号	作品名	高専名（キャンパス名）	西田	畝森	栃澤	合計	受賞
008	町を横断する遊び	米子高専					優秀賞
083	ヒナグ コドモ びじゅつかん	熊本高専（八代）	●	●		2	優秀賞
147	すみかへ	仙台高専（名取）			●	1	
150	コドモノママデ	仙台高専（名取）					最優秀賞*1

表5　本選 ── 審査員特別賞、建築資料研究社／日建学院賞への投票　集計結果（1人1票）

作品番号	作品名	高専名（キャンパス名）	西田	畝森	栃澤	合計	受賞
006	Free Office	米子高専				0	
008	町を横断する遊び	米子高専					優秀賞
012	廃墟≒洞窟＝遊び×学び	豊田高専				0	
058	居場所の原風景	舞鶴高専				0	
083	ヒナグ コドモ びじゅつかん	熊本高専（八代）					優秀賞
105	センス・オブ・ワンダーランド	明石高専				0	
119	めぐり・であいの廃線路	明石高専				0	
140	Vivarium	仙台高専（名取）				0	
142	気づくこと築くもの	仙台高専（名取）				0	
146	還じて、鎚じて、	仙台高専（名取）				0	
147	すみかへ	仙台高専（名取）			●	1	審査員特別賞
148	蔵ster	仙台高専（名取）		●		1	審査員特別賞
149	屋台と家の余白	仙台高専（名取）				0	
150	コドモノママデ	仙台高専（名取）					最優秀賞*1
153	教えあう 寄道裏道 秘密基地	石川高専				0	
154	いで湯この地に大田楽の時を編む	石川高専	●			1	建築資料研究社／日建学院賞

＊投票で満票の作品を対象に、協議の上、上位2賞を決定

空間デザイン

開催概要

空間デザイン部門概要

【課題テーマ】こどもパブリック

【課題概要】
子供が中心となる持続的な未来の地域デザインを主題とする。子供を取り巻く社会環境は多様化し、多くの課題が指摘されている。もちろん、教育、福祉、文化あるいは産業などのさまざまな観点から課題解決への実践的なアプローチが展開されているが、いまだ試行錯誤の段階と言える。具体的な地域や社会状況を設定し、「これまで支える存在であった子供が中心となる場のあり方」「地域の将来を見据えた新たなパブリックデザイン」の提案を求める。

【審査員】西田 司（審査員長）、畝森 泰行、栃澤 麻利

【応募条件】
①高等専門学校に在籍する学生
②1〜4人のチームによるもの。1人1作品
③創造デザイン部門、AMデザイン部門への応募不可。ただし、予選未通過の場合には、構造デザイン部門への応募は可
④他のコンテスト、コンペティションに応募していない未発表作品

【応募数】156作品（334人、21高専）

【応募期間】2020年8月31日（月）〜10月2日（金）

【設計条件】
①対象エリアは、あらゆる地域を自由に想定してよい
②敷地のある実際の地域や場所、そこでの日常、行事やイベント、まちづくり、組織などを調査した上で提案すること
③住宅、公共施設、商業施設、広場など、用途は自由に想定してよい

【審査ポイント】
①提案の創造性
②デザインの総合性
③プレゼンテーション力

本選審査

【日時】2020年12月5日（土）〜6日（日）

【会場】
審査：名取市文化会館　小ホール
展示：名取市文化会館　小ホールホワイエ、演劇練習室（予選未通過140作品のプレゼンテーションポスター〈A1判サイズ〉を展示）
運営本部と審査員は名取市文化会館、本選参加作品の学生は所属学校にて参加。全参加者をインターネット回線でつなぎ、ビデオ会議アプリ「Zoom」を利用して実施。審査員が、オンラインでの学生のプレゼンテーションと、審査順に応じてスクリーン脇に設置した実物の模型やプレゼンテーションポスターをもとに審査。全審査経過の動画をインターネットによりYouTubeでライブ配信

【本選提出物】
①プレゼンテーションポスター：A1判サイズ（横向き）2枚（予選で提出したポスターに、追加も差替えも可）、厚さ3mmのスチレンボードに貼りパネル化。予選で提出したポスターをブラッシュアップしたもの
②模型：幅1,500mm×奥行1,500mm×高さ1,500mmの空間内に収まるもの
③プレゼンテーションポスターの電子データ（pdf形式）
提出期間：
2020年12月4日（金）13:00必着で宅配便などにより送付または持参（①②）
2020年12月5日（土）10:00までに指定のURLにアップロード（③）

【展示スペース】
それぞれ幅1,800mm×奥行1,800mm×高さ1,800mmの空間に模型を置くソーホース・テーブル（作業台／制作：権代由範／幅1,350mm×奥行910mm）1台を設置。プレゼンテーションポスター2枚と模型などを展示（参加高専から来場した教員の立合いか、オンラインでの指示の下、仙台高専〈名取〉の運営スタッフが担当）。プレゼンテーション時には審査員前のソーホース・テーブル（幅1,500mm×奥行1,500mm）に模型を移動（運営スタッフの学生が担当）

【審査過程】
審査方式：全過程をオンライン審査（学生のプレゼンテーション、質疑応答、講評）と実物審査（模型、展示）のハイブリッド方式で実施
参加数：16作品（42人、7高専）
日時：2020年12月5日（土）
①接続テスト、オリエンテーション　10:00〜11:30
②プレゼンテーション　13:15〜17:30
日時：2020年12月6日（日）
①ディスカッション　9:15〜13:00
②公開審査　14:00〜15:00

予選審査総評

こどもパブリック ― 手探りでも挑戦的に

西田 司（審査員長）

多種多様な地域課題への取組み、バラエティに満ちたテーマ設定

　子供が中心となる持続的な未来の地域デザインを求めた課題テーマに対して、156作品の応募があった。人口減少、中心市街地の衰退、スマホ（スマートフォン）の功罪、空き教室、生業の継承、自然回帰、コロナ禍（COVID-19）の中での人と人のつながり、地域コミュニティの再生などの問題を掲げて取り組んだ作品や、過去に存在したものへの憧憬、風景の継承、物語の空間化、子供心や好奇心の喚起といったテーマを扱った作品が集まった。

　計画としては、図書館や子ども食堂などの施設の新築から、建物の機能の複合、リノベーション（改修）など。コンセプトには、アートで街の活性化を狙った作品や、未完成のものを完成に導くプロセスの表現のほか、子供の主体性の育みを表現したものなどもあり、多様な作品群となった。

156作品から16作品の狭き門

　予選審査は作者の氏名や所属校などを伏せた、完全なブラインド審査であった。事前に、審査員それぞれが全応募作品の電子データを閲覧して各15作品を選出（1次選考）。その後、全審査員がオンラインで会する審査に臨んだ。

　満票の作品に関しては、改めて設計主旨を確認し、2票の作品では、推薦した審査員の読み解きを軸に、3人で熱い議論を交わした。1票の作品については、選出すべき理由に関して意見を交換した。

　例年は予選通過が10作品程度であるが、今年は、1次選考で2人以上の審査員の推す作品が14あり、そこに各審査員が外せないと考える1票の作品を加え、結果として16作品を選出する

こととなった（表6参照）。

はじめて高専の学生の作品に触れた新鮮味

　審査員は3人とも、これまで高専の学生の作品に触れることがなかったため、新鮮味をもって審査にあたることができた。いずれも地域の歴史を調べ上げて、子供のこと、将来のことを考えて提案しており、計画内容が優秀な作品、よくスタディしている作品、プログラムと表現の緻密な作品が数多く見られた。加えて、大学生に比べて若い学生が多いということもあり、のびのびとした発想の作品もあった。そんな中で、手探りのアプローチであっても、挑戦的な作品に高い評価を与えるように努めた。

本選ではリアルな模型に期待

　2020年10月の予選段階で、12月の本選での新型コロナウイルスの感染状況は予想できない。各作品のプレゼンテーションを我々審査員がどこでどうやって聞くのかについての最適な答えはない。

　2020年4月から、各学校では授業や講評のオンラインが当たり前になってきており、高専の学生も3Dの動画をソツなく作ることができるようになった。一方で、リモート（遠隔）作業でいろいろなことをできるようになったがゆえに、学生たちは、単純にどうやって作るのか、どういう材料を使うのか、といったリアルな構成要素を度外視して、リアルな建築から離れていくように思われてならない。そのような状況下だからこそ、審査員としては、リアルな模型が伝える莫大で正確な情報をもとに、本選審査に臨むことに決めた。

作品番号:148

*文中の[ ]内の3桁数字は、作品番号

空間デザイン

予選審査経過

予選審査の1週間前に、各審査員に全応募156作品のプレゼンテーションポスターの電子データ（pdf）と、A3判サイズの出力紙を送付。予選通過候補作品として、審査員1人あたり最大15作品を事前に推薦してもらった。

予選審査は10月12日（月）10:00から、ビデオ会議アプリ「Zoom」を利用したオンライン方式で行なわれた。主管校（デザコンを運営する仙台高専〈名取〉）の運営本部には、学生から提出されたA1判サイズのプレゼンテーションポスターのパネル156枚を用意し、西田司審査員長の進行の下、まず1人以上の審査員が選出した27作品を予選通過候補とした。続いて、それ以外の129作品に予選通過候補として検討すべき作品があるかどうかを審査員間で確認し、追加候補作品のないことを確認した（表6参照）。

次に、予選通過候補の27作品に対して、各作品を推薦する審査員が推薦理由を、他方、推薦しなかった審査員が候補に至らなかった理由を説明。その内容を審査員間で共有した。そして、今回の応募数（156作品）と本選のプレゼンテーションなどの状況（COVID-19への対策）を勘案し、予選通過は15作品を目安に選出することが決まった。

その結果、満票の3票を獲得した[058][083][105][142]の4作品をまず予選通過とした。次に2票を獲得した10作品の中から、[006][012][140][147][148][149][150][154]の8作品を選出。最後に、2票を獲得した残り2作品と1票を獲得した13作品について、類似する作品同士の比較や、テーマに対する多様性、本選までの作品の改善の伸び代などを議論し、[008][119][146][153]の4作品を選出し、計16作品を予選通過とした（表6参照）。　　　（坂口 大洋　仙台高専〈名取〉）

開催概要（予選）

予選審査準備

2020年10月2日（金）：エントリー締切
10月3日（土）：全応募156作品のプレゼンテーションポスターの電子データ（pdf）とA3判サイズの出力紙を審査員へ送付し、予選通過候補作品として、審査員1人あたり最大15作品の事前推薦（1次選考）を依頼

予選審査

【日時】2020年10月12日（月）10:00〜12:00
【審査方式】
運営本部と審査員をインターネット回線でつなぎ、ビデオ会議アプリ「Zoom」を利用したオンライン方式で実施。提出された応募156作品のプレゼンテーションポスターのパネルを運営本部に用意
【会場】
運営本部は仙台高専（名取）9号棟402号室、審査員は居住地などにてオンラインで参加
【事務担当】
坂口 大洋、伊師 華江、飯藤 将之（仙台高専〈名取〉）／
鎌田 光明（運営支援、秋田高専／オンライン参加）
【予選提出物】
①プレゼンテーションポスター：A1判サイズ（横向き）1枚、3mm厚のスチレンボードに貼りパネル化
②プレゼンテーションポスターの画像データ
【予選通過数】16作品（42人、7高専）

表6 予選 ── 1次選考投票　集計結果（1人15票をめやす）

作品番号	作品名	高専名（キャンパス名）	西田	畝森	栃澤	合計
006	Free Office	米子高専	●		●	2
008	町を横断する遊び	米子高専			●	1
011	0からの連結	豊田高専	●			1
012	廃墟⇄洞窟＝遊び×学び	豊田高専		●	●	2
020	てらこや in AWASHIMA	米子高専	●			1
021	こども空間 ＋ 学生寮	米子高専	●			1
058	居場所の原風景	舞鶴高専	●	●	●	3
067	おがる市場	秋田高専	●			1
071	こどもスナック	高知高専	●			1
083	ヒナグ コドモ びじゅつかん	熊本高専（八代）	●	●	●	3
087	ごきんじょしぇるたー	熊本高専（八代）		●		1
105	センス・オブ・ワンダーランド	明石高専	●	●	●	3
106	継承されゆく城下町の情景	明石高専	●			1
119	めぐり・であいの廃線路	明石高専		●	●	2
122	馴染み貫く通りと目線	岐阜高専	●			1
140	Vivarium	仙台高専（名取）	●		●	2
142	気づくこと　築くもの	仙台高専（名取）	●	●	●	3
145	雄勝を舞化く	仙台高専（名取）		●	●	2
146	還じて、鏈じて	仙台高専（名取）		●		1
147	すみかへ	仙台高専（名取）		●	●	2
148	蔵ster	仙台高専（名取）		●	●	2
149	屋台と家の余白	仙台高専（名取）		●	●	2
150	コドモノママデ	仙台高専（名取）		●	●	2
152	山代 Republic 共遊の国	石川高専	●			1
153	教えあう 寄道裏道 秘密基地	石川高専		●		1
154	いで湯この地に大田楽の時を編む	石川高専	●		●	2
155	ふらっとフォーム	石川高専		●		1
16作品	合計		15	15	15	45

＊表中の●は1票を示す
＊表中の作品は、予選の1次選考通過27作品。票の入らなかった作品は未掲載
＊表中の　　は、予選通過16作品
＊表中の作品名は、サブタイトルを省略

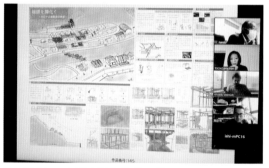

作品番号:145

予選通過作品講評

本選に向けたブラッシュアップの要望

西田 司（審査員長）、畝森 泰行、栃澤 麻利

006 米子高専

Free Office
—— アフターコロナの現代社会を生きる子どもたちと私たち

アフターコロナを見据え、ワークスペースと子供の居場所を組み合わせて考えている点は評価できる。一方、最終的な建築の形状に至った根拠、空間を構成する構造方式や素材などの要素を具体的に提示してほしい。その根拠を通じて、それぞれの居場所のつながりや関連性を踏まえた提案を考えること。また、プレゼンテーションポスターに、既存の住宅街との境界が示されていないので、周辺との関係の不明な部分がある。全体的なプレゼンテーションとめざす方向性は良いので、以上のような詳細部分を詰めていってほしい。

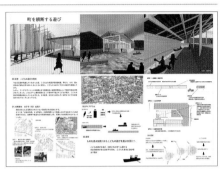

008 米子高専

町を横断する遊び

川辺の空間を子供の空間として建築的に見直していくという発想には可能性を感じる。建築の提案がいくつか示されているが、単純に屋根を架けるだけに留まらず、もう少し広がりのある提案をしてほしい。たとえば、川の流れに対して、長い川岸を活用した場のあり方など、3つの敷地に限定せずに、長さを活かすことでどんなつながりが生まれるか、どんな体験ができるのか、という連続性を考えほしい。この空間でできる経験や楽しさが伝わってくるような提案とプレゼンテーションになると良い。

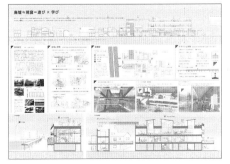

012 豊田高専

廃墟≒洞窟＝遊び×学び

廃墟を「抜けのある余白」と読み解いているところや、廃墟のもつマイナスイメージを子供の場所としてプラスの方向に転換する考え方がおもしろい。廃墟を見直すことで生まれた吹抜けなどと、他のスペースとの相乗効果を意識的に考えた提案があるとなお良い。一方で、提案に廃墟感があまりなく、廃墟であるべき根拠がよくわからない。「廃墟をどうとらえたか」「廃墟とは何か」など、自分の考えをもう少し整理し、それを踏まえた提案を検討してほしい。

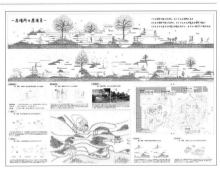

058 舞鶴高専

居場所の原風景

「子供たちの居場所はもっと自由でいい」という提案に意欲を感じた。一方で、スラブ（床の構造体）を設けて土を盛っているが、普通に土を盛ることとの違いや、人の居場所と地面とを切り離すことの意味が伝わってこない。将来的に、街なかにパブリック・スペースを展開させていく提案でもあるが、どのように展開していくのか、どのような場所にスラブを作り、子供たちが居場所を発見したり遊んだりするのかを具体的に考えてほしい。たとえば、土を動くものとするならば、動かない建築（スラブ）は何を根拠にしてデザインされているのかを追究するべきであり、その明確さが未来像にもつながるはずである。

083
熊本高専（八代）

ヒナグ コドモ びじゅつかん

アートを切り口に、子供たちとエリア・リノベーション（地域再生）を掛け算して（組み合わせて）いく提案で、完成度が高い。海鼠壁や廃材の瓦など、手法については説明しているが、建物やそのプログラムが周辺に与える影響について、もっと具体的な説明がほしい。

子供たちと一緒につくるプロセス自体は良いので、それが美術館としてどのような仕組みや空間になるのか詳しく知りたい。また、拠点としている美術室とそれ以外の街なかにある部分や施設について、提案者の心中にはヒエラルキー（優先順位）があるのだろうか、それらを地域全体の関係を踏まえて提案してほしい。

105
明石高専

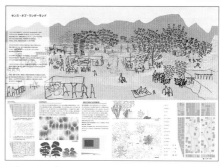

センス・オブ・ワンダーランド

「こどもパブリック」という課題テーマに対し、街全体を公園にすることで、子供も大人もフラット（平等）で、大きなパブリック・スペースが生まれるという提案は高く評価できる。ボロノイ*1による空間構成も理解でき、アイディアとして良いと思ったが、周辺環境との関係がわからなかったので、その関係性についてもう少し踏み込んで考えてほしい。パース（透視図）では、建築の姿をシングルライン（単線）で曖昧に描いているので、詳細がわからない。本選では、既存環境と新しい建築物との関係性、建築を作る構造方式や材料などの点を具体的に見せてほしい。

註 ＊1 ボロノイ：母点（平面上に分布した点）をもとに、隣り合う母点間を結ぶ直線に垂直二等分線を引き、各母点の最近隣領域を分割する操作。環境調査の分野でよく利用される

119
明石高専

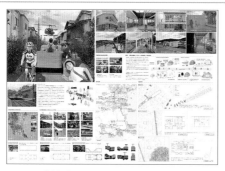

めぐり・であいの廃線路

廃線路を巡っていく敷地状況の読取りや、長い距離の提案はおもしろい。一方で、廃線路沿いに提案されたスポット的な建築の形態に対して、それをつなぐための3種類の移動式建築が、既成の鉄道車両の形態にとらわれたデザインで、安易に感じられる。廃線路の環境のもつ可能性を精緻に読み取り、整理を重ねることで、長い線路を扱うからこそできる体験を提案してほしい。

140
仙台高専（名取）

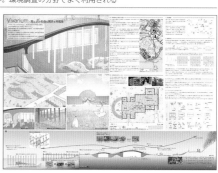

Vivarium —— 海と人と生命の関係を再構築

子供の居場所を広くとらえ、生態系を取り戻していくという考え方が良い。海中のフレーム（骨組）は魅力的で、断面計画や地上のランドスケープ（景観デザイン）はよく考えられている。他方、建築部分の平面構成は閉鎖的で、ランドスケープとの関連があまり感じられない。自然や生態系の再生というテーマをもっと強く意識し、地形の起伏を活かして建築を構築する仕組みも含めて、屋外空間と室内空間が共存する大らかな空間の提案を期待する。

142
仙台高専（名取）

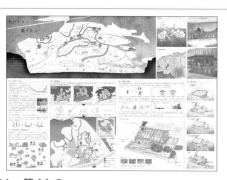

気づくこと　築くもの

建築だけでなく周辺環境も併せて徐々につくり上げるプロセスは高く評価できる。しかし、ホスピスと建築がどう関係しているのかが、現状のプレゼンテーションポスターでは伝わらず、小児ホスピスがどのようにこの計画に寄与しているのかがわからない。ホスピスであることの意味や、提案した計画との関係性について具体的な説明がほしい。また、朽ち果てていく意味や、その後のプロセスも考えてほしい。「地域に根差した建築である」とか「記憶に残る」ことが重要な計画だと考えられるが、その点も具体的に踏み込んで設計してほしい。

146
仙台高専（名取）

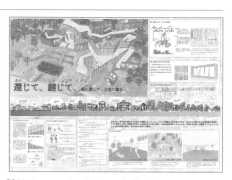

還じて、鏈じて、—— 森に還して、土地に鏈る

「自然に還る」という時間軸を踏まえた提案はおもしろい。時系列に沿った推移を表現した断面年表も魅力的である。他方、この建築が幾何学的な多角形である必要性はあるのかという疑問が残った。街の中に点在する1つ1つの建築がどのように展開していくのかという姿を示してほしい。また、自然に還る過程では、生々しい動植物と人間との対峙があるはずである。もっとリアルな自然が押し寄せてくる状況を取り込んだデザインを検討してほしい。

147 仙台高専（名取）

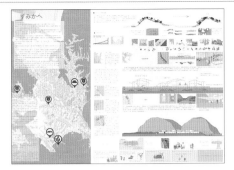

すみかへ

島全体の生態系を考えるデザインの方向性、屋根と柱だけでできている空間、断面のフレーム（構造体の骨組）の構成が良い。一方、構造フレームに対してどのように人の居場所が生まれるのか、他の生命との関係性がどのような場所にできるのか、具体的に提案してほしい。場所の選択や空間を構築することで、本当に生態系と人間との近い関係性を築くことができるのか、より踏み込んだ検討がほしい。

148 仙台高専（名取）

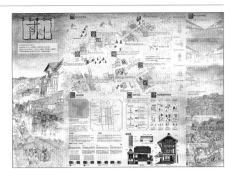

蔵ster（くらすたー）

プレゼンテーション・パース（透視図）に勢いがある。地域と蔵に着目して提案していることに可能性とおもしろさを感じる。少子化という背景から学校が街中に散らばっていくという考え方も良い。街にももともとある（既存の）蔵が使われていく風景は想像できるが、学校として転用された時の空間の広がりや魅力、街への波及の仕方がわかりづらい。蔵をどのようにリノベーション（改修）するのか、空間として、もっと具体的な表現や仕組みになるよう案を深めてほしい。蔵が学校という形で街に開かれていく時、街並みの中で現代的にアップデート（更新）するとしたらどうなるのかを提案してほしい。

149 仙台高専（名取）

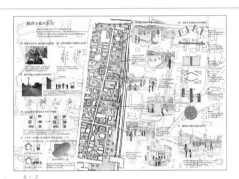

屋台と家の余白（よはく）

屋台を使って、地域のさまざまなすき間を活用していこうというアプローチは良い。店舗以上に日常的に、住民が気軽に利用できる距離感、場所感が住宅地の中に生まれることで、周辺の人たちの日常も変わっていくのではないだろうか。小売店舗が減少する時代の中で、あえてまた新しい屋台を日常生活の中に並べていくことで、その通り沿いに住んでいる人の暮らしや営みがどう変化するのかを提案してほしい。衰退している宮城県大崎市の鹿島台互市という催事の現状を変える上で、新しい屋台がどのように影響するのか、もう一歩検討してほしい。

150 仙台高専（名取）

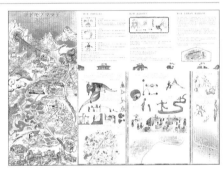

コドモノママデ

156作品の中で、他にはない世界観があり、パース（透視図）も非常に魅力的だ。銀河鉄道と子供というメタファ（暗喩）を掛け合わせている点もおもしろい。
ファンタジー（幻想）とリアル（現実）の関係も興味深いが、既存の街にファンタジーの世界が飛来することで、街がどうなるのかという具体的な提案をもっと深めてほしい。たとえば、周辺の街とのいい意味での断絶感や、両者（ファンタジーとリアル）がこのまま混在することのおもしろさなど、より具体的にイメージすると良い。

153 石川高専

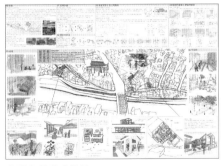

教えあう 寄道裏道 秘密基地

寄道と裏道を対象とした、ささやかな手法（出会い、誘導、集い、学びなど）による街づくりの計画やリサーチが評価できる。1つ1つの建物は楽しそうだが、一方で、その建物に「寄道先」「裏道先」という印象を持ち難い。外部、内部それぞれに、人が気軽に立ち寄れるような周囲との空間的な連続性をもう少し考えてほしい。
また、今の提案ではそれぞれの敷地の中に建築を作っただけなので、たとえば、道との連続性を考えて、道自体もデザインするなど、さらに広がりのある提案をしてほしい。

154 石川高専

いで湯この地に大田楽の時を編む

地域のリサーチと、街の中に小さな場所をつくっていくアプローチは良い。街の営みと建築をセットで考えている点が評価できる。ただし、個別には計画できているが、それぞれの小さな場所の間をどうつなげていくのかが具体的に提案されていない。
日常時、また大田楽の時にそれぞれがどう関係するのか、1日の体験がどう繰り返されるのか、などを含めた全体像を提案してほしい。この提案によって、地域の日常がどう変わっていくのかが、本選のプレゼンテーション審査で示されると良い。

予選 140 作品

空間デザイン

尋常一様から多種多様へ

001 小山高専

◎張貝 築［建築学科5年］

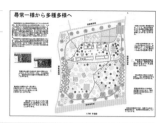

奏──巡り巡るメロディー

002 小山高専

◎野沢 美友（5年）、赤羽 真菜（4年）、鈴木 千尋（3年）、永田 詩織（2年）［建築学科］

たつ──ひかわ図書館別館

003 米子高専

◎勝部 麻衣［建築学科4年］

アートで街づくり

004 米子高専

◎米原 緋菜、山下 俊介、安井 遥哉、井土 尚美［建築学科4年］

中海Walking

005 米子高専

◎嶋田 峻也［建築学科4年］

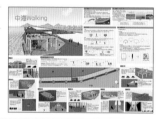

「ひと」に引かれて善光寺

007 長野高専

◎宮嶋 太陽、宮島 俊介、山田 虹輝［環境都市工学科5年］

そうだ！ 三才に行こう!!──新たな拠り所三才駅

009 長野高専

◎小林 かんろ、塚原 治美、松本 詩季菜、松野 恵実［環境都市工学科3年］

万博こども商店街

010 大阪府立大学高専（寝屋川）

◎政井 大輝［総合工学システム学科都市環境コース4年］

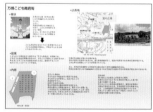

0からの連結

011 豊田高専

◎酒井 駿次、横田 淳至（4年）、西崎 万里菜、山川 幹弘（3年）［建築学科］

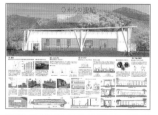

長く遊ばれる地に

013 大阪府立大学高専（寝屋川）

◎稲 蒼志［総合工学システム学科都市環境コース4年］

子どもの成長を促す建築によって境港市の新しいシンボルへ

014 米子高専

◎中山 龍聖［建築学専攻専攻科1年］

緑を育む公民館

015 米子高専

◎徳岡 春香［建築学科5年］

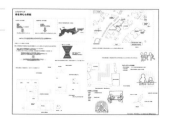

こどもしょうてんがい

(016) 米子高専

◎山田 ゆかり［建築学科5年］

共に育ち、共に育てる

(017) 米子高専

◎増田 美悠［建築学科5年］

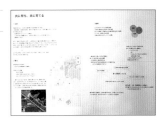

みんなの家

(018) 米子高専

◎藤井 梨花［建築学科5年］

学び舎——子どもが教える立場となる施設

(019) 米子高専

◎大下 歩［建築学専攻専攻科1年］

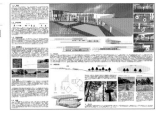

てらこや in AWASHIMA

(020) 米子高専

◎渡下 宗太郎［建築学専攻専攻科1年］

こども空間 + 学生寮

(021) 米子高専

◎西尾 拓朗［建築学専攻専攻科1年］

Community

(022) 米子高専

◎河本 幸樹［建築学専攻専攻科1年］

映像の図書館

(023) 米子高専

◎但井 秀行［建築学専攻専攻科1年］

どうろであそぼ

(024) 大阪府立大学高専（寝屋川）

◎菅 清太朗、大山 友聖、矢野 紅音［総合工学システム学科都市環境コース4年］

七夕物語——1200年の時を結ぶ

(025) 大阪府立大学高専（寝屋川）

◎足立 圭祐、砂原 梨乃［総合工学システム学科都市環境コース4年］

緑形 to 戯場

(026) 大阪府立大学高専（寝屋川）

◎澤邊 来夏、北井 幸多朗、中山 美月、加藤 萌夏［総合工学システム学科都市環境コース4年］

花と生きる

(027) 大阪府立大学高専（寝屋川）

◎武田 志雄、迫田 晃生、井上 琴音［総合工学システム学科都市環境コース4年］

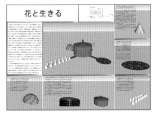

空間デザイン

宇宙とともに…

028 大阪府立大学高専（寝屋川）

◎山下 将輝、高井 稜河［総合工学システム学科都市環境コース4年］

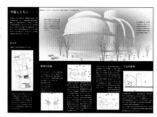

古き良き松代に図書施設を

029 長野高専

◎佐藤 拓実、塩原 陸斗、若林 優［環境都市工学科3年］

みんなの森

030 米子高専

◎朝久 千宙［建築学科5年］

還る場所──賑わい拠点としてのショッピングセンターの可能性

031 米子高専

◎和田 奈津子［建築学科5年］

ゆらぎ図書館

032 米子高専

◎大前 雅敏［建築学科5年］

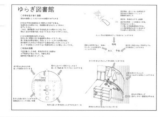

infinite space

033 米子高専

◎川端 龍矢［建築学科5年］

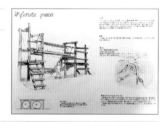

泉佐野市複合施設「わくわく！　いずみランド」

034 米子高専

◎井料 恵莉菜［建築学科5年］

街を縫う──集が作る新たな学びとコミュニティ

035 米子高専

◎新田 彩乃［建築学科5年］

でこぼこヒロバ

036 米子高専

◎武甕 由里恵［建築学科5年］

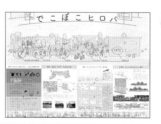

ふれあいの場

037 米子高専

◎國谷 真由［建築学科5年］

つながる食堂

038 米子高専

◎山内 悠実佳［建築学科5年］

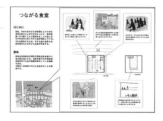

食を育む　食が繋げる

039 米子高専

◎川﨑 玲雄［建築学科5年］

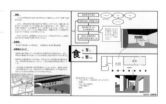

Colony

040 米子高専

◎赤江 大笙［建築学科5年］

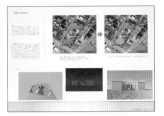

食でつながる食で楽しむ

041 米子高専

◎持田 侑乃［建築学科5年］

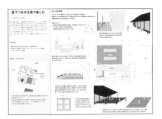

ドマトショ —— 土間で本を読もう

042 米子高専

◎山本 翔太［建築学科4年］

地育 —— 地域で育てる・地域を育てる

043 米子高専

◎長谷川 千紘［建築学科4年］

ANOTHER SCHOOL

044 米子高専

◎二子石 瑠［建築学科4年］

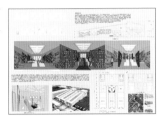

浩氣長存 —— まわるっちゃ めぐるっちゃ 周南

045 徳山高専

◎村上 日向子、万谷 真理奈
（4年）、中本 実穂、神田 菜々美
（1年）［土木建築工学科］

未来を紡ぐ里留学

046 徳山高専

◎遠藤 優也、石田 華奈、
蔵重 真由子（5年）、北村 俊樹（4
年）［土木建築工学科］

記憶紡ぐ —— 日常から生まれる少し特別な記憶

047 徳山高専

◎中司 圭、裏谷 万葉、及川 希、
中道 香絵［土木建築工学科5年］

家学校

048 米子高専

◎川上 智聖［建築学科5年］

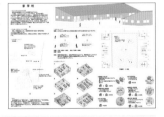

居場所

049 米子高専

◎兼本 星空［建築学科5年］

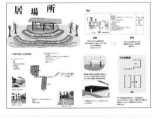

みんなの駄菓子屋さん

050 米子高専

◎亀尾 祐来［建築学科5年］

繋がりの森 —— 地域の人と子供たちが触れ合えるきっかけとなる森

051 米子高専

◎内部 航也［建築学科5年］

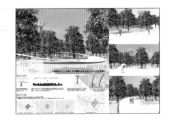

空間デザイン

子供村

(052) 米子高専

◎ヤン・ポーチョア[建築学科5年]

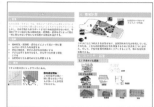

不便で自由なまなびば

(053) 米子高専

◎八塚 玲奈[建築学科5年]

みんなの隠れ家——子ども達のための第2の住み家

(054) 米子高専

◎太田 綾香[建築学科5年]

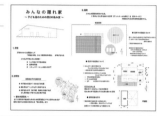

保護犬・猫との関係が作るこどもの居場所

(055) 米子高専

◎大下 万優子[建築学科5年]

里山スクール

(056) 米子高専

◎糸田 響[建築学科5年]

Perfect Human

(057) 米子高専

◎黒田 拓哉[建築学科5年]

野田川にあつまれ

(059) 舞鶴高専

◎江田 雪乃、蔵内 瑚都里(3年)、上田 健太郎(2年)、小林 潤平(1年)[建設システム工学科]

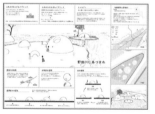

bamboo reformation

(060) 舞鶴高専

橘 敦子[建設システム工学科建築コース4年]／◎高山 絢成(2年)、谷口 実沙莉(1年)[建設システム工学科]

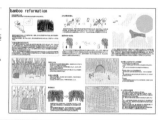

Tachiagari Land

(061) 舞鶴高専

◎松井 嶺磨[建設システム工学科3年]

和紙未来都市——名塩雁皮紙で地域をつなぐ！ こどもたちが造る和紙の空間

(062) 舞鶴高専

◎山村 天(3年)、中村 千尋(2年)[建設システム工学科]

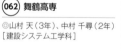

おもちゃの道——子どもの記憶箱

(063) 舞鶴高専

◎磯田 倫花[建設システム工学科2年]

交の葉橋

(064) 舞鶴高専

◎貫井 かんな、川上 望琴[建設システム工学科2年]

こどものがたり —— こどもをつなぐもの

065 舞鶴高専

中村 梓（3年）、米原 悠海、
蒲田 早貴（2年）［建設システム工
学科］

図書館に行くこと —— 文化に触れ、実践し、創造するまち

066 秋田高専

北嶋 春香、佐藤 綾奈［環境都市
工学科5年］／樋渡 美乃、荻原 翠
［創造システム工学科土木・建築系
2年］

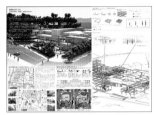

おがる市場

067 秋田高専

◎安藤 星空、種倉 栞［創造システ
ム工学科土木・建築系空間デザイ
ンコース4年］／若狭 千乃［創造シ
ステム工学科土木・建築系3年］／
斉藤 愛菜［創造システム工学科1
年］

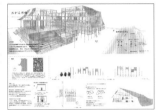

まちのじどうかん

068 秋田高専

◎小林 葵、冨木 凌［創造システム
工学科土木・建築系空間デザイン
コース4年］／長谷川 楽来［創造
システム工学科2年］／小坂 海実［創造システム工学科
1年］

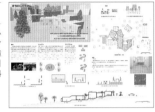

ゆきの街古河を知るこども園

069 小山高専

◎中山 雛乃［建築学科2年］

園と縁をつくる —— 子どもたちと地域の人たちみんなでつくる公園

070 都城高専

◎片平 真梨恵、立元 廉、
外園 初音［建築学専攻専攻科1年］

こどもスナック —— こどもとおとなのサードプレイス

071 高知高専

◎中野 築（5年）、大内 晴貴（4年）
［ソーシャルデザイン工学科まち
づくり・防災コース］

幼老者の「結」がもたらす物理的環境変化の透視化

072 高知高専

◎川村 聡一郎［ソーシャルデザイ
ン工学科まちづくり・防災コース
5年］

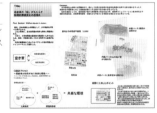

かやどき —— 茅葺文化を遺す「とき」・活用する「とき」・触れ合う「とき」

073 高知高専

◎福留 紗稀［ソーシャルデザイン
工学科まちづくり・防災コース5
年］

あそぼう —— 遊び×防災

074 高知高専

◎濱田 歩花［ソーシャルデザイン
工学科まちづくり・防災コース5
年］

き（ず／づ）きの家

075 高知高専

◎木下 究［ソーシャルデザイン工
学科まちづくり・防災コース5年］

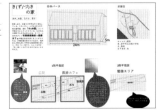

Yoshikawa Sodachi

076 高知高専

◎椎葉 香野子、馬越 友佳
［ソーシャルデザイン工学科まちづ
くり・防災コース5年］

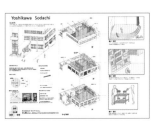

空間デザイン

チイキ ノ ミリョク

077 高知高専

◎谷口 優雅[ソーシャルデザイン工学科まちづくり・防災コース5年]

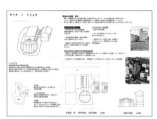

佐古保育所併設寮「ジュラパーク2」

078 高知高専

◎小松 晃也[ソーシャルデザイン工学科まちづくり・防災コース5年]

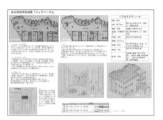

中学生喫茶

079 高知高専

◎白井 颯[ソーシャルデザイン工学科まちづくり・防災コース5年]

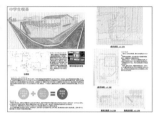

Growing食堂 —— 中学生が作る家具でまちを盛り上げる・繋ぐ

080 高知高専

◎池田 智裕[ソーシャルデザイン工学科まちづくり・防災コース5年]

なかむらながや

081 高知高専

◎中野 新[ソーシャルデザイン工学科まちづくり・防災コース5年]

Cubeでまちを結う —— おじいちゃんたちの袂で本郷っ子のよりみち大冒険

082 都城高専

◎甲斐 萌真(5年)、谷口 陽菜(4年)、下村 すず、深川 萌夏(3年)[建築学科]

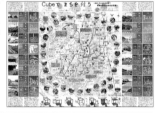

知的創造の空間 —— 自然との共存

084 熊本高専(八代)

◎松平 泰知、江野 雄大、松下 菜花、宮崎 結大[建築社会デザイン工学科建築コース5年]

山鹿六方

085 熊本高専(八代)

◎池永 周造(5年)、山元 彩加(4年)[建築社会デザイン工学科建築コース]

海に浮かぶ、新しい空間

086 熊本高専(八代)

◎山尾 一樹、下鶴 尚輝、宮部 大和、園田 朝陽[建築社会デザイン工学科建築コース4年]

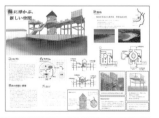

ごきんじょしぇるたー

087 熊本高専(八代)

◎和仁 貢介、松本 健成、中村 絢夏(5年)、竹隈 光紀(4年)[建築社会デザイン工学科建築コース]

LABO —— つくるの型をなくすプラットフォーム

088 熊本高専(八代)

◎高村 周作、菊川 翔登、榊 大翔、津田 宗一郎[建築社会デザイン工学科建築コース4年]

遊ぶ子供たちが主役の世界

089 熊本高専(八代)

◎伊藤 七奈星、大橋 亮太、後藤 千尋[建築社会デザイン工学科建築コース5年]

盆花の咲く頃に　おかえりなさい

(090) 熊本高専 (八代)

◎井上 真宙、池田 勇太郎、
成松 美幸、西崎 柊平［建築社会デ
ザイン工学科建築コース5年］

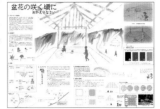

子飼ジャンクション

(091) 熊本高専 (八代)

◎福岡 直季 (5年)、津川 右馬、
野田 裕太郎、藤本 明日美 (4年)
［建築社会デザイン工学科建築コー
ス］

こどもぐらうんどすとりーと

(092) 有明高専

◎西村 美歩、中園 留菜［創造工学
科建築コース5年］

ぴっぷこども議会

(093) 釧路高専

◎宍戸 李衣［創造工学科建築デザ
インコース建築学分野5年］

こどもの集まる図書館

(094) 釧路高専

◎杉目 育太、淺野 夕樹［建設・生
産システム工学専攻専攻科2年］

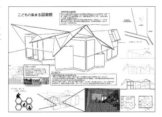

地域とつながるブロック

(095) 釧路高専

◎寺尾 元希、米澤 豪起［創造工学
科建築デザインコース建築学分野
4年］

POLYGON LIBRARY —— 図書館を核とした街づくり

(096) 釧路高専

◎佐藤 宏紀、田畑 馳［創造工学科
建築デザインコース建築学分野4
年］

サスイシリモシリ —— 共存と再生

(097) 釧路高専

◎髙橋 陸［創造工学科建築デザイ
ンコース建築学分野5年］

KONTENA.

(098) 釧路高専

◎鈴木 逸太、朝野 正大［建設・生
産システム工学専攻専攻科1年］

WARABEYA —— 個育て

(099) 釧路高専

◎河原 大輔、亀野 夏生、
田川 あどい、中川 瑛稀［建築・生
産システム工学専攻専攻科1年］

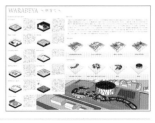

クジラとともに歩む漁業

(100) 釧路高専

◎山木 凌歌［建設・生産システム
工学専攻専攻科1年］

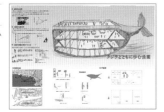

大楽毛　子どものくに

(101) 釧路高専

◎白幡 明日美、岡田 智夏［創造工
学科建築デザインコース建築学分
野4年］

空間デザイン

流遊巣 —— 流木でつながる遊びの場

(102) 釧路高専

◎小椋 悠加、小林 愛里、
松浦 あかり(3年)、庄司 樹里(2年)[創造工学科建築デザインコース建築学分野]

夜の街 子の町

(103) 釧路高専

◎堀川 美波[創造工学科建築デザインコース建築学分野4年]

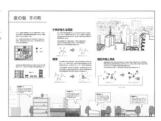

僕たちは帰り道を提案します。

(104) 有明高専

◎古賀 曄野、小田 拓生、榊 竜青[創造工学科建築コース5年]

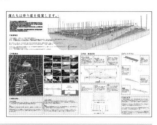

継承されゆく城下町の情景 —— 空き家再編から広がる新しい住まいの構築

(106) 明石高専

◎宮岡 美海、川植 未夢、塩坂 優太、曽我部 敬太[建築学科4年]

織り成す森

(107) 明石高専

◎松田 果林、角谷 瑛子、濱口 祐希[建築学科4年]

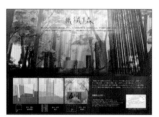

みんなでいち二宮

(108) 明石高専

◎松下 駿、揖澤 亮太、樋口 遼太郎、水田 依里[建築学科4年]

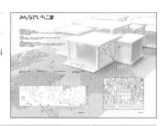

二見高等中小学園

(109) 明石高専

◎松下 航太郎、立花 はるか、前川 天真[建築学科4年]

種子の根城 京の芽吹き

(110) 明石高専

◎牧田 颯平、金子 雄哉、宍戸 佑妃、南 星菜[建築学科4年]

家なきコミュニティセンター

(111) 明石高専

◎堤 靖弘、安部 楓香、高尾 一徳[建築学科4年]

iromori

(112) 明石高専

◎辻本 直哉、河部 花梨[建築学科4年]

「大人」と「こども」が作る街

(113) 明石高専

◎小林 凜、香田 凜、田村 瑞樹、大西 翔太[建築学科4年]

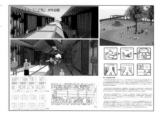

PEARL IN THE PALM

(114) 明石高専

◎上田 思慧、杉原 和希、谷本 夢馬[建築学科4年]

Develop Musical Sensitivity

(115) **明石高専**

◎有山 武利、奥谷 勇斗、
藤野 和哉 [建築学科4年]

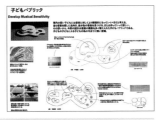

こども農園

(116) **明石高専**

◎六車 駿介、岸本 大地 [建築学科
5年]

Connect Book —— 「読書」でつなげる、「読書」でつながる

(117) **明石高専**

◎髙原 幸代、鳥越 結貴 [建築学科
5年]

たまゆらの住まい

(118) **明石高専**

◎中倉 梨沙、内匠 光 [建築学科5
年]

時をつなぐもの

(120) **岐阜高専**

◎亀山 友花 [建築学科5年]

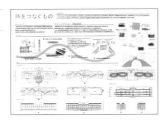

マニアビル

(121) **岐阜高専**

◎古澤 崇 [建築学科5年]

馴染み貫く通りと目線

(122) **岐阜高専**

◎後藤 建太 [先端融合開発専攻専
攻科1年]

子供歌舞伎座 —— ハレの日常化

(123) **岐阜高専**

◎髙橋 明花里 [先端融合開発専攻
専攻科1年]

放課後キャンプ

(124) **呉高専**

◎岡田 明大、重松 大輝 [建築学科
5年]

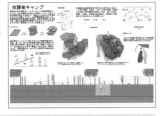

hagukumi-toilet

(125) **呉高専**

◎宮 蒼依、田川 幸誠、山本 莞太、
山本 悠暉 [建築学科4年]

ひみつきち —— 空っぽの箱からつくりだす空間

(126) **呉高専**

◎山下 咲香 [建築学科5年]

土曜夜市を盛り上げる

(127) **呉高専**

◎岡田 芽依 [建築学科4年]

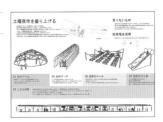

Parenting Apartment —— 子育て世代向け賃貸集合住宅

(128) **呉高専**

◎岡本 夏海［建築学科4年］

繋がる學び

(129) **岐阜高専**

◎岡本 大輝、長野 雅（5年）、
杉崎 駿太（4年）［建築学科］

持ち寄り本棚

(130) **岐阜高専**

◎柳原 聡太［先端融合開発専攻専攻
攻科1年］

Street Bridge

(131) **岐阜高専**

◎横井 諒［先端融合開発専攻専攻
科1年］

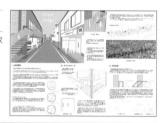

田んぼ基地

(132) **有明高専**

◎小宮 佑介［創造工学科建築コー
ス5年］

エキアソビ —— 電車内で楽しむ基本動作

(133) **大阪府立大学高専（寝屋川）**

森 成諒［総合工学システム学科都
市環境コース5年］／溝 貫一、
黒山 和音、大石 夏己（2年）［総合
工学システム学科］

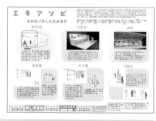

和に触れる —— 伝統文化を用いた越前市のこどもの学び場

(134) **福井高専**

◎坂井 以知佳［環境都市工学科4
年］

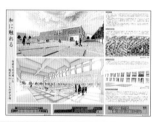

とびだすあにまるず

(135) **福井高専**

◎吉川 航平［環境都市工学科5年］

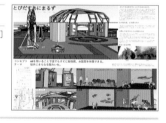

薫風　Kumpu —— 祭と風が流れる公園

(136) **福井高専**

◎山田 晴輝、達川 宙輝［環境都市
工学科5年］

釣り、行こうぜ。

(137) **福井高専**

◎堀内 光騎［環境都市工学科5年］

木って見た！

(138) **有明高専**

◎平山 あかね、臼田 彩華、
椎山 花菜［創造工学科建築コース
5年］

仙台セリ×子ども食堂

(139) **仙台高専（名取）**

◎西嶋 琉衣、工藤 碧乃、堀 瑠采
［総合工学科Ⅲ類建築デザインコース
2年］

開き、閃き、拓く

(141) 仙台高専 (名取)

◎丹治 基規［建築デザイン学科5年］／奥村 天心、佐藤 陽太（4年）、相庭 啓佑（3年）［総合工学科Ⅲ類建築デザインコース］

川の上、橋の下 ── 歴史を積んで、人を集む

(143) 仙台高専 (名取)

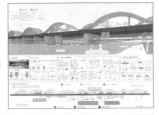

◎針生 瑠奈［生産システムデザイン工学専攻建築デザイン学コース専攻科1年］／鈴木 香澄（4年）、浅沼 晏（3年）［総合工学科Ⅲ類建築デザインコース］

今日もいろはに

(144) 仙台高専 (名取)

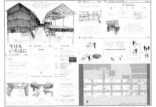

ムンフバト・ビャンバドルジ［生産システムデザイン工学専攻建築デザイン学コース専攻科1年］／◎後藤 颯汰［建築デザイン学科5年］／菊池 帆七海（4年）、藤原 ひかる（3年）［総合工学科Ⅲ類建築デザインコース］

雄勝を舞化く ── 内在する雄勝法印神楽

(145) 仙台高専 (名取)

◎青柳 すず［建築デザイン学科5年］／小林 裕人、髙橋 凜［総合工学科Ⅲ類建築デザインコース4年］／田邉 優和［総合工学科建築Ⅲ類1年］

Childhood

(151) 阿南高専

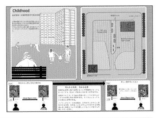

◎清水 宏太［創造技術工学科建設コース4年］

山代 Republic 共遊の国

(152) 石川高専

◎田畑 奎人（5年）、近藤 倉司（4年）［建築学科］

ふらっとフォーム ── 通学路×免許返納で空いたガレージ＝パブリックデザインの現場

(155) 石川高専

蓮野 拓実［環境建設工学専攻専攻科1年］／◎相原 哲生（5年）、竹原 天太、丸山 美咲（4年）［建築学科］

未来と心を育む体験型農業施設 ── 子供中心の持続可能な社会に向けて in 鈴鹿市

(156) 鈴鹿高専

◎岩﨑 弥海［電気電子工学科2年］／河村 陽香、丸田 佳奈［生物応用化学科2年］／川村 碧葵［電子情報工学科2年］

審査員

西田 司
にしだ おさむ

建築家、株式会社オンデザインパートナーズ　代表、東京理科大学　准教授

1976年　神奈川県藤沢市生まれ
1999年　横浜国立大学工学部建設学科卒業
　　　　建築設計SPEED STUDIO設立　主宰
2002-07年　東京都立大学大学院工学研究科建築学専攻　助手
2004年-　オンデザイン設立　代表
2005-09年　横浜国立大学大学院都市イノベーション学府・研究院Y-GSA　助手
2009年-　東京理科大学理工学部建築学科　准教授、明治大学理工学部建築学科　特別招聘教授、大阪工業大学工学部建築学科　客員教授、立教大学大学院21世紀社会デザイン研究科社会デザイン研究所　講師、ソトノバパートナー

◆主な建築、まちづくり
使い手の創造力を対話型手法で引き上げ、さまざまなビルディング・タイプにおいてオープンでフラットな設計を実践。『ヨコハマアパートメント』（中川エリカと共同設計、2009年／2011年度JIA新人賞、ヴェネツィア・ビエンナーレ審査員特別表彰）、東京2020オリンピック競技会場『湘南港ヨットハウス』（2014年／2016年日本建築学会作品選奨）、島根県海士町『隠岐国学習センター』（2015年）、復興まちづくり『ISHINOMAKI 2.0』（2012年／2012年度グッドデザイン賞〈復興デザイン賞〉）、DeNAベイスターズが仕掛けるまちづくり『THE BAYSとコミュニティボールパーク化構想』（2012年-／2017年度グッドデザイン賞）、工事現場の仮囲いをひらく『吉日学校』（2018年／ソトノバアワード2019ソトノバ大賞、実験のデザイン部門賞）など

◆その他の主な活動
建築とカルチャーを言語化するメディア『BEYOND ARCHITECTURE』発行人などを務める

◆主な著書
『建築を、ひらく』（共著、2014年、学芸出版社）、『おうちのハナシ、しませんか？』（共著、2014年、エクスナレッジ）、『オンデザインの実験』（共著、2018年、TOTO出版）、『PUBLIC PRODUCE』（共著、2018年、ユウブックス）、『"山"と"谷"を楽しむ建築家の人生』（共著、2020年、ユウブックス）、『楽しい公共空間をつくるレシピ プロジェクトを成功に導く66の手法』（共著、2020年、ユウブックス）など

畝森 泰行
うねもり ひろゆき

建築家、株式会社畝森泰行建築設計事務所　代表

1979年　岡山県真庭市生まれ
1999年　米子工業高等専門学校建築学科卒業
2002年　横浜国立大学工学部建設学科卒業
2002-09年　西沢大良建築設計事務所　勤務
2005年　横浜国立大学大学院環境情報学府環境システム学専攻修士課程修了
2009年　畝森泰行建築設計事務所　設立
2012-14年　横浜国立大学大学院都市イノベーション学府・研究院Y-GSA　設計助手
2016年-　横浜国立大学都市科学部建築学科　非常勤講師
2018年-　日本女子大学家政学部住居学科　非常勤講師
2020年-　東京理科大学工学部建築学科　非常勤講師

◆主な建築
『Small House』（2010年／2012年第28回新建築賞〈吉岡賞〉、2013年AR House Awards優秀賞）、『山手通りの住宅』（三家大地建築設計事務所と共同設計、2014年／2015年Record Houses賞）、『東京の住宅』（2019年）、『須賀川市民交流センターtette』（石本建築事務所と共同設計、2019年／2019年グッドデザイン賞金賞〈経済産業大臣賞〉、2020年日本建築学会作品選奨、2020年JIA優秀建築賞、2020年第40回東北建築賞、2020年第61回BCS賞、2021年第36回日本図書館協会建築賞など）、『高岡の住宅』（2020年）など

◆その他の主な受賞
第32回SDレビュー入選（2013年）、第11回ベストデビュタント賞（2014年）、「北上市保健・子育て支援複合施設基本設計プロポーザル」最優秀賞（tecoと共同設計、2018年）、「田村市屋内遊び場整備提案及び設計プロポーザル」最優秀賞（アンスと共同設計、2019年）、「須崎市図書館等複合施設建設構想プロポーザル」最優秀賞（tecoと共同設計、2019年）、「奈義町立中学校改築工事基本設計プロポーザル」最優秀賞（丹羽建築設計事務所と共同設計、2020年）、「琴浦町生涯学習センター改修工事基本設計プロポーザル」最優秀賞（tecoと共同設計、2020年）など

栃澤 麻利
とちざわ まり

建築家、株式会社SALHAUS　共同代表

1974年　埼玉県富士見市生まれ
1997年　東京理科大学理工学部建築学科卒業
1999年　東京理科大学大学院理工学研究科建築学専攻修士課程修了
1999-2006年　山本理顕設計工場に勤務
2008年-　安原幹、日野雅司とSALHAUS共同設立、共同主宰
2009-17年　東京理科大学工学部建築学科　非常勤講師
2013-18年　昭和女子大学生活科学部環境デザイン学科　非常勤講師
2014年-　東京電機大学未来科学部建築学科　非常勤講師
2015-17年　芝浦工業大学デザイン工学部デザイン工学科　非常勤講師
2017-19年　工学院大学建築学部建築デザイン学科　非常勤講師
　　　　　　グッドデザイン賞　審査委員
2018年-　芝浦工業大学建築学部建築学科　非常勤講師

◆主な建築
『扇屋旅館』（2012年／2013年北陸建築文化賞、第40回〈2014年〉東京建築賞など）、『麻布十番の集合住宅』（2012年／2015年日本建築学会作品選集新人賞）、『西麻布の集合住宅』（2013年／2014年東京建築士会・住宅建築賞）、『群馬県農業技術センター』（2013年／2014年BCS賞、2015年日本建築学会作品選奨など）、『tetto』（2015年／2016年東京建築士会・住宅建築賞奨励賞、2016年すまいの環境デザインアワード ベターリビング ブルー＆グリーン賞など）、『陸前高田市立高田東中学校』（2016年／2017年グッドデザイン賞金賞、2019年日本建築学会作品選奨など）、『Timbered Terrace』（2017年／2017年度グッドデザイン賞）、『大船渡消防署住田分署』（2018年／2020年日本建築学会作品選奨、第22回〈2019年〉木材活用コンクール最優秀賞など）、『TPGケアテラスよまき』（2018年）、『守口市立図書館』（2020年）など
現在、『金沢美術工芸大学』（2023年竣工予定）、『横浜高等学校』（2016年より改修設計、2022年新築棟竣工予定）をはじめ、集合住宅、テナント・ビルなどの設計が進行中

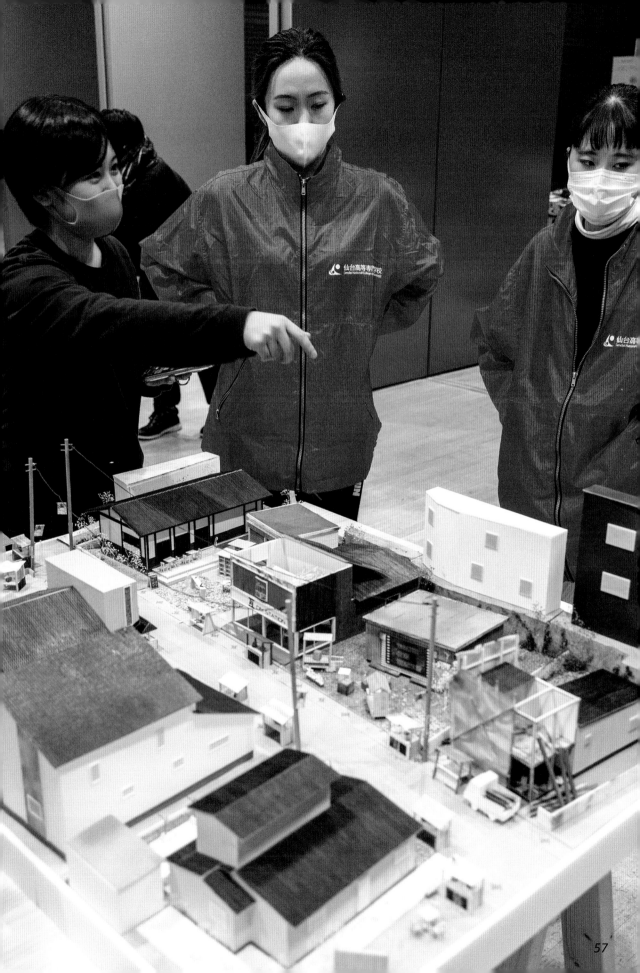

構造
デザイン部門

由緒と由来 ── 素材とかたち

　2019年東京大会と同様、「紙」を材料とするブリッジ（製作物＝作品）。指定された2種類の紙、2種類の木工用ボンドを使用して、「橋」という言葉の由来である「端」と「端」をつなぎ、物や人を渡すための建築限界（構造部材を設置できない空間）を設けた橋（ブリッジ）を製作してほしい。強さやしなやかさ、軽さなど、紙の素材特性を最大限に活かした「耐荷性」「軽量性」「デザイン性」に富むブリッジの応募を期待する。

本選（審査員来場）　　　　　　　　34 作品　　　受賞　　　　　　　　　　　6 作品

2020.10.26-10.30
　応募（エントリーシート提出）
2020.11.24-11.27
　プレゼンテーションポスターのデータ提出
2020.12.05
　仕様確認（代行）
　審査員審査（オンライン方式）
2020.12.06
　耐荷性能試験（代行、映像をオンライン配信）
　審査員講評（オンライン方式）

最優秀賞（国土交通大臣賞）
　16 米子高専『琥白鳥』
優秀賞（日本建設業連合会会長賞）
　11 呉高専『夢双』
優秀賞
　27 秋田高専『さどめんこ　二〇二〇』
審査員特別賞
　06 豊田高専『SANK"AKU』
　18 鹿児島高専『桜島Bridge Ⅱ』
日刊建設工業新聞社賞
　25 松江高専『葉紙』

構造デザイン

最優秀賞
国土交通大臣賞

琥白鳥
（こはくちょう）

◎島崎 満月、小柴 佑昌、門永 星那、清間 稜介、實松 義仁、長谷川 遥［建築学科4年］
担当教員：北農 幸生［建築学科］

▌審査講評

台形状のラーメン構造形式[*1]と斜張橋[*2]を組み合わせたシンプルな骨組で、載荷点からの力の流れが明解な構造形式である。載荷点にかかった荷重は、引張材[*3]を介して台形状のラーメン構造体に2点集中荷重として伝達される。また、荷重の一部は支点に設置してある主塔（柱材）の頂部にも伝達される。この柱材頂部に作用する水平力を処理するために、はね出し部分と柱材に斜材を設けて斜張橋形式としているのだ。本作品は、はね出し部分の役割が明確であり、構造的に明解な印象を与えている。また、断面形状や施工の工夫として、軽量な断面で座屈（たわみ）を防止するために、正方形の閉断面[*4]を採用し、接合部を高い精度で製作するための工夫が見られた。

それ以外のすぐれた点としては、紙の種類による差、異方性[*5]や湿度が強度に与える影響を実験によって把握し、その結果を設計にフィードバックしている点が挙げられ、完成度の高い作品に仕上げられている。

（中澤 祥二）

註
*1　ラーメン構造形式：垂直材（柱）と水平材（梁）を剛接合した構造形式
*2　斜張橋：橋脚上に設けた塔から斜めに張ったケーブル（斜張弦）を橋桁につないで支える構造形式の橋
*3　引張材：引張り方向に働く外力のみを負担する部材
*4　閉断面：橋軸と直角方向（道の幅方向）の断面形状の周囲が閉じた形状になっていること。本書61ページ上、ポスターの「断面・施工の工夫」参照
*5　異方性：弾性や膨張性など、物体の物理的性質が方向によって異なること

＊本書60〜65ページの氏名の前にある◎印は学生代表
＊総得点が同点の場合は、載荷点、審査員評価点、軽量点・橋長点の順に得点の高いほう、
　いずれも同点の場合は質量の小さいほうを上位とする。同質量の場合は、同順位とする

（00）：数字は作品番号（本書60〜65ページ）

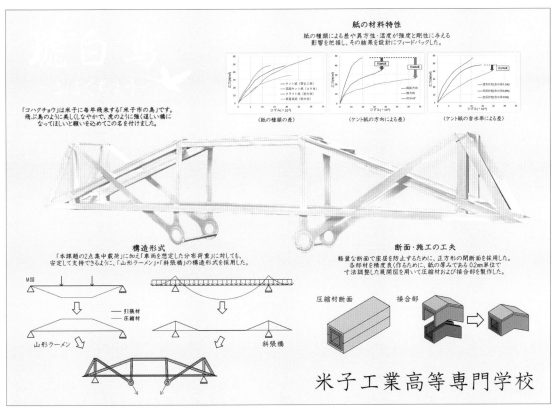

紙の材料特性

紙の種類による差や異方性・温度が強度と剛性に与える
影響を把握し、その結果を設計にフィードバックした。

〈紙の種類の差〉　〈ケント紙の方向による差〉　〈ケント紙の含水率による差〉

「コハクチョウ」は米子に毎年飛来する「米子市の鳥」です。
飛ぶ鳥のように美しくしなやかで、虎のように強く逞しい橋に
なってほしいと願いを込めてこの名を付けました。

構造形式

「本課題の2点集中載荷」に加え「車両を想定した分布荷重」に対しても、
安定して支持できるように、「山形ラーメン」＋「斜張橋」の構造形式を採用した。

M図

—— 引張材
—— 圧縮材

山形ラーメン　　　斜張橋

断面・施工の工夫

軽量な断面で座屈を防止するために、正方形の閉断面を採用した。
各部材を精度良く作るために、紙の厚みである0.2mm単位で
寸法調整した展開図を用いて圧縮材および接合部を製作した。

圧縮材断面　　　接合部

米子工業高等専門学校

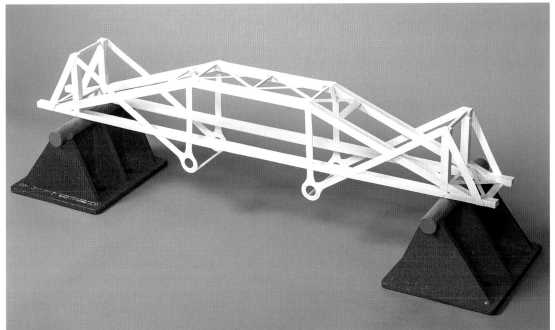

⑪ 呉高専

優秀賞　夢双

日本建設業連合会会長賞

◎胡 悠陽［プロジェクトデザイン工学専攻専攻科2年］／栄井 志月（5年）、小椋 千紗、栗原 菜々子、小宇羅 由依、
脇田 美礼優（3年）［建築学科］　担当教員：三枝 玄希、松野 一成［建築学科］

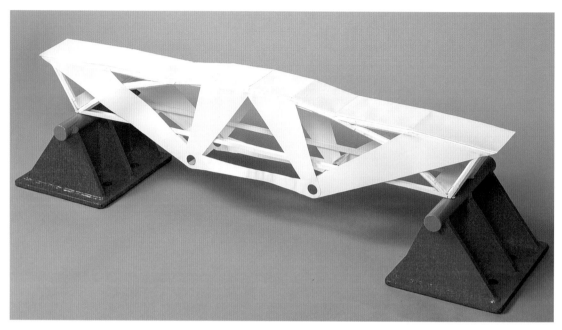

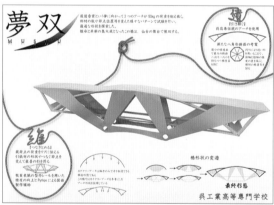

▌審査講評

軸力[*6]のみで力を伝達するカテナリー・アーチ[*7]を参考にしたアーチ部材とタイバー[*8]を基本とする構造形式を採用し、優美な形状を実現した。はね出し部分を含むアーチより上側の構造体は、載荷点にかかる荷重を負担する。反力は両側の支持点に集められており、はね出し部分が構造的な役割を果たしていることが窺える。載荷点と主構造体を結ぶ引張材[*3]に幅の広い部材（面材）を使用しているのは、荷重の分散を狙ったものと思われる。また、圧縮力を受けるアーチ部材には、製作が容易で断面2次モーメント[*9]の大きい8角形断面を採用して、軽量化と高い圧縮強度を実現している。

（中澤 祥二）

註
*3　引張材：本書60ページ註3参照
*6　軸力：ネジやボルトを締め付けた際、元に戻ろうとする力
*7　カテナリー・アーチ：ロープの両端を持って垂らした時にできる曲線（カテナリー曲線）を上下逆さまにした形のアーチ構造形式
*8　タイバー：タイ材、タイロッド。アーチの両側に広がろうとする力＝スラストを抑える引張材。張力によって構築物に強度を持たせる構造部材
*9　断面2次モーメント：力の作用した点や軸を中心に回転する方向に部材を変位させようと作用する力（曲げモーメント）にどの程度耐えられるか（梁材の変形のしにくさ）を示す値。物体の断面（大きさや形状）を変えると変化する

優秀賞

さどめんこ　二〇二〇

◎安藤 星空、小林 葵［創造システム工学科土木・建築系空間デザインコース4年］／鎌田 大輝、グエン＝トゥアン・ナム（3年）、
上田 晴也（2年）［創造システム工学科土木・建築系］／小坂 海実［創造システム工学科1年］
担当教員：寺本 尚史［創造システム工学科土木・建築系］

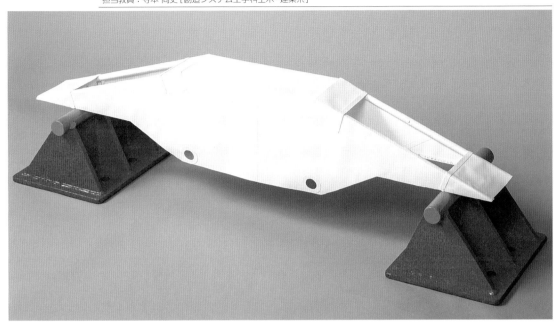

▎審査講評

圧縮力が作用する台形状の骨組架構（主材）、引張力が作用するタイバー[8]、載荷点への荷重を主材に伝達する部材を兼用する面材から成る構造形式である。円形断面の木材に紙を巻き付けて形を作製した断面2次モーメント[9]の大きな管状の部材を大きな圧縮力が作用する主材に採用している。その一方、建築限界（構造部材を設置できない空間）上部に主要な骨組架構の横倒れを防止するための面材や、載荷点にかかる荷重を分散して主要な部材に伝達する面材を採用し、紙という素材の特性に応じて、適材適所に配置した作品となっている。さらに、事前の載荷実験を通して、載荷点周囲の補強に関する検討もしている。これらの点が強度を増し、軽量化につながったと感じられるすぐれた作品である。

（中澤 祥二）

註
*8　タイバー：本書62ページ註8参照
*9　断面2次モーメント：本書62ページ註9参照

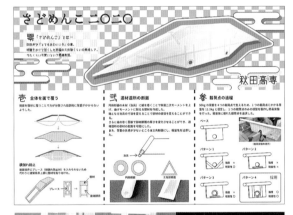

審査員特別賞

⑥ 豊田高専
SANK"AKU

順位：4　質量：766.0g　総得点：79

◎加藤 利浩、青木 慶吾、安形 和香、狭間 俊哉［建設工学専攻専攻科1年］
担当教員：川西 直樹［環境都市工学科］

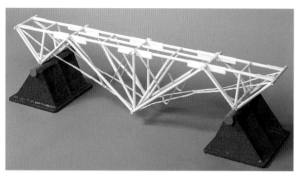

▎審査講評

作品名からも想像できるように、水面に映る山岳をイメージ
させる形状をしている。トラス構造形式[*10]を採用した、シン
プルかつ軽量なイメージの作品である。圧縮力に対抗する部
材には、紙を多重に丸めた部材を、引張材[*3]には紙が持つ対
引張性能[*11]を利用した細い部材を採用することで、軽量化を
図っている。はね出し部分はトラス構造形式で構成されてお
り、構造的な意味も明解。これらの点が強度を増し、軽量化
につながっている、すぐれた作品である。（中澤 祥二）

註　*3　引張材：本書60ページ註3参照
　　*10　トラス構造形式：部材を三角形の組合せで構成する構造形式
　　*11　対引張性能：引っ張り方向に働く外力に対する高い強度

審査員特別賞

⑱ 鹿児島高専
桜島Bridge Ⅱ

順位：5　質量：282.0g　総得点：78

◎吉井 聡一郎、須﨑 広大、髙石 健祐、西 さくら、宮里 優芽（5年）、伊瀬知 奈那美（4年）［都市環境デザイン工学科］
担当教員：川添 敦也［都市環境デザイン工学科］

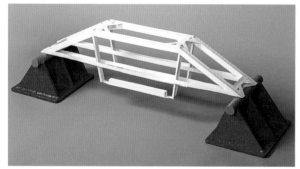

▎審査講評

台形状の骨組架構（主材）と2点載荷による荷重を主材に伝達
するための構造フレームから成るシンプルな構造。基本コン
セプト「軽量」「強さ」を表現した形状は正に「桜島」を彷彿と
させる。シンプルであるため、主要な圧縮材についてはさま
ざまな試行錯誤を実施し、2種類の断面形状を適切に採用し
ている。主材の断面形状には、断面2次モーメント[*9]をできる
だけ大きくするための閉断面[*4]として箱型断面[*12]を採用。主
材の高強度化、軽量化に大きく貢献したと考えられる。なお、
受賞作品中でこれだけ橋長点の加点がない。完成度が高いだ
けに、この点のみが残念である。　　　　　　（中澤 祥二）

註　*4　閉断面：本書60ページ註4参照
　　*9　断面2次モーメント：本書62ページ註9参照
　　*12　箱型断面：本書60ページ註4参照

日刊建設工業新聞社賞

㉕ 松江高専

葉紙（はし）**1

順位：— 　質量：380.7g 　総得点：82**1

**1：仕様確認不合格のため、総得点は参考記録。総合順位は付かない

◎山﨑 勝大郎、山本 皓成（4年）、野津 秀太、野田 悠斗（3年）、蓮岡 慶行（2年）、大島 康生（1年）［環境・建設工学科］
担当教員：岡崎 泰幸［環境・建設工学科］

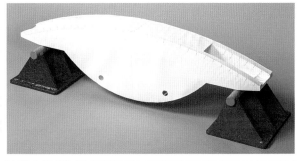

審査講評

木の葉のような見た目、しなやかさを兼ね備え、「形状と自然の調和」がコンセプト。2つのアーチと面材を組み合わせた構造形式となっている。載荷点に作用した荷重は、面材を介してアーチ構造体の全体に分散して伝達することを提案。その有効性を有限要素法解析*13などを通して説明している。また、アーチ部分にリブ（肋骨状の材）を入れることで断面を強化する、などの工夫も見られる。その一方、前述の有限要素法解析結果（はね出し部分に作用する応力度*14が他の部分に比べて低い）から考察できるように、はね出し部分の力学的な有用性がやや不明確な点は、残念である。

（中澤 祥二）

註 *13 有限要素法解析：複雑な構造物を小さな要素の集合体に分割し、それぞれの応力や変形を解析することで、全体の応力や変形を求める手法
　 *14 応力度：単位面積当たりに生じる応力（外力や自重などの力が作用した時、物体の内部に作用する力）

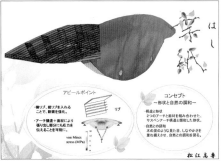

構造デザイン

引張力には紙の特性を生かし、圧縮力へは断面形状を工夫

中澤 祥二（審査員長）

「はね出し部分」「軽量点・橋長点」がポイント

構造デザイン部門は、2019年東京大会以降、今回で2回めとなる紙を素材としたブリッジ（製作物＝作品）という課題テーマで実施された。2種類の決められた規格の紙と木工用接着剤で製作した橋梁模型（ブリッジ）の「耐荷性」「軽量性」「デザイン性」を競うものであった。また、「橋」という言葉の由来である「端」と「端」をつなぎ、物や人を渡すための建築限界（構造部材を設置できない空間）が制約条件に加えられている。そのため、競技（耐荷性能試験）においては、強さやしなやかさ、軽さなど、紙という素材の特性を最大限に引き出すことが重要なポイントとなる。

審査では、作品は競技得点と審査員評価点の合計で評価される。

競技得点は、耐荷性能試験での2点集中荷重載荷による載荷点と軽量点・橋長[*1]点の合計。橋の支点から両端にはね出した「はね出し部分」の距離が長く、かつ、軽量な橋梁模型が軽量点・橋長点で高得点となる（本書67ページ表2参照）。

審査員評価点は、審査員審査により、作品の構造的合理性、独自性、プレゼンテーションの内容を、3人の審査員が採点した。はね出し部分は、車両が通ることを想定した上で、建築限界内（本書86ページ図1参照）に作製することを条件としており、このはね出し部分を「構造的な意味の表現された構造デザイン」にすることが、審査員評価点の重要なポイントであった。このはね出し部分の構造方式にどれくらい合理性があるのかについては、審査員評価点の構造的合理性の項目で評価された。また、昨年の審査項目に入っていた配色なども加味した「出来栄え点」は、構造デザインを競うことが主であることを鑑み、今年の審査では省かれた。

紙の特性を生かし引張力の作用する部分に面材を

本選は、直前に新型コロナウイルス（COVID-19）の感染が拡大したため、3人の審査員は来場したものの、予防の観点から、応募した学生たちは一切来場させないこととし、インターネット回線を使用したオンラインによる遠隔審査での開催となった。初の試みであるオンラインでのプレゼンテーションや耐荷性能試験には不安もあったが、音声や画像が途切れることもなくスムーズに進行した。これについては運営に携わる実行委員のメンバーや運営スタッフの綿密な計画や努力、参加者の協力によるものが大きいと感じた。

なお、従来の規定である「設置時間90秒」を超えた作品への減点は廃止された。耐荷性能試験では、不在の学生に代わり、参加各高専から代表として来場した教員と開催校の運営スタッフが細心の注意をもってブリッジ（製作物）を載荷装置に設置した。

今回の課題テーマでは、「建築限界」や「はね出し部分」を考慮しながらブリッジの構造デザインを決める必要があった。参加作品の形状は、主に、

①橋の両支点に支持された単純梁構造形式[*2]
②支点の広がりを抑えるため、下部に引張材[*3]を取り付けた台形やアーチ状の架構構造形式
であった。

紙素材の利用方法としては、主要な骨組構造体（トラス構造形式[*4]、ラーメン構造形式[*5]）を構成する基本的な部材の他に、薄くて引張力に強い紙という材料の特性を生かし、載荷点から主架構（主要な骨組構造体）へ力を伝達する部材など、引張力が作用する部分に面材として利用する傾向が見られた。この手法は、2019年東京大会において、優秀な成績を収めた作品が採用しており、その考え方が引き継がれたようであった。

一方、圧縮力を負担する主架構は、軽量化と座屈（たわみ）への耐久性能の向上をめざして、断面形状にさまざまな工夫が施されていた。惜しくも耐荷性能試験の途中で崩壊した作品の中にも、工夫に満ちたものが多数あった。これらの作品の崩壊傾向は、アーチ部材やラーメン部材[*6]の座屈による破壊、引張材[*3]や部材の接合部での破断、両支点付近や載荷点まわりでの破壊が多い。このような崩壊傾向を分析して対策を考えることは重要なことであり、今回受賞した作品の中にも参考になる対策方法が数多く含まれている。

試行錯誤が耐荷性能と軽量性を実現

参加34作品中、耐荷性能試験で最終の荷重（50kgf[*7]）に耐えたのは12作品であった。例年に比べると、最終荷重に耐えた作品の割合がやや少ないが、コロナ禍の影響で十分な試行錯誤（実験）をできなかったことも要因の1つであると思われる。そのような悪条件の下であっても、数々の試作を繰り返し、耐荷性能と軽量性を実現した作品が総得点で上位となったものと感じる。

今回、参加した作品に関わったすべての学生たちは、デザコンを通じてチームワークの大切さや創造性を養う貴重な経験ができたのではないだろうか。

註
* 1　橋長：ここでは、はね出し部分も含めた、ブリッジ（製作物）の長手方向の寸法
* 2　単純梁構造形式：梁の一端がピン支点（固定）、一端がローラー支点（可動）の2点で支えられた構造形式
* 3　引張材：本書60ページ註3参照
* 4　トラス構造形式：本書64ページ註10参照
* 5　ラーメン構造形式：本書60ページ註1参照
* 6　ラーメン部材：柱と梁の部材。本書60ページ註1「ラーメン構造形式」参照
* 7　kgf：重量キログラム。重さ、重力、力、荷重など物体にかかる力を表す単位。地球上では、10kgfは10kgの物体にかかる力（重力）

表1　総合順位

作品番号	作品名	高専名（キャンパス名）	質量(g)	仕様確認	橋長(A,B,C)	載荷点[50点]	軽量点・橋長点[30点]	合計[80点]	審査員評価点[20点]	総得点[100点]	順位	受賞
16	琥白鳥	米子高専	195.8	○	A	50	27	77	15	92	1	最優秀賞*1
11	夢双	呉高専	259.2	○	A	50	24	74	16	90	2	優秀賞*2
27	さどめんこ　二〇二〇	秋田高専	277.0	○	A	50	24	74	12	86	3	優秀賞
06	SANK"AKU	豊田高専	766.0	○	A	50	15	65	14	79	4	審査員特別賞
18	桜島BridgeⅡ	鹿児島高専	282.0	○	C	50	17	67	11	78	5	審査員特別賞
12	蜂密	長野高専	550.1	○	C	50	18	68	9	77	6	
01	律	福井高専	644.6	○	C	50	11	61	14	75	7	
15	繋桁橋	福島高専	708.1	○	B	50	13	63	11	74	8	
32	テトラーチ	阿南高専	1030.7	○	A	50	9	59	11	70	9	
28	面 in Bridge	近畿大学高専	250.9	○	A	35	24	59	11	70	10	
05	幸	明石高専	254.7	○	A	35	24	59	11	70	11	
04	Osushi	群馬高専	252.7	○	C	35	20	55	13	68	12	
24	最適梁	津山高専	273.0	○	C	35	20	55	13	68	13	
20	日和橋	新モンゴル高専	163.4	○	C	30	23	53	15	68	14	
14	繋	神戸市立高専	1089.2	○	B	50	7	57	10	67	15	
34	撓	有明高専	354.1	○	C	35	17	52	13	65	16	
08	容紙端麗	国際高専	263.6	○	A	30	24	54	10	64	17	
07	無敵X2	和歌山高専	895.4	○	A	40	12	52	9	61	18	
23	筒号	都城高専	535.5	○	A	30	18	48	10	58	19	
21	KEIRYU	岐阜高専	151.0	○	A	10	30	40	16	56	20	
17	Reinforce 2020	小山高専	218.9	○	A	20	24	44	10	54	21	
02	なと輪	仙台高専（名取）	286.6	○	C	20	17	37	14	51	22	
31	材を結ぶ	石川高専	476.9	○	A	20	18	38	11	49	23	
09	結	東京都立産業技術高専（品川）	577.2	○	B	20	16	36	10	46	24	
33	麗月	徳山高専	258.5	○	A	10	24	34	12	46	25	
29	北斗	釧路高専	365.1	○	B	10	19	29	10	39	26	
03	橋柱	一関高専	580.0	○	A	0	18	18	8	26	27	
10	三角の密接密集密閉。	舞鶴高専	592.1	×*3	A	45	18	63	12	75	—	
13	紙単	苫小牧高専	382.4	×*3	C	40	17	57	14	71	—	
19	繋がり	IETモンゴル高専	178.7	×*4	C	30	23	53	14	67	—	
22	オリーブリッジ	香川高専（高松）	890.5	×*3	A	45	12	57	10	67	—	
25	葉紙	松江高専	380.7	×*3	A	50	21	71	11	82	—	日刊建設工業新聞社賞
30	堅弓	新居浜高専	738.3	×*3	B	50	13	63	9	72	—	
35	平和	科技大モンゴル高専	155.2	×*3	C	10	26	36	8	44	—	

註
＊1　最優秀賞：最優秀賞（国土交通大臣賞）
＊2　優秀賞：優秀賞（日本建設業連合会会長賞）
＊3　載荷棒を通す穴の位置がずれていて、載荷棒が通らないため不合格
＊4　載荷棒を通す穴の位置がずれていて、載荷棒が通らず、上面が製作限界を超えていたため不合格

＊表中「仕様確認」欄の○は合格、×は不合格。不合格作品は、位置をずらして載荷棒を通し耐荷性能試験に参加させたが、得点は参考記録。各項目の得点および総得点は実際には0で順位は付かない
＊軽量点・橋長点：質量が小さく橋長が長いものほど高得点。得点詳細は表2参照。ただし、製作物を載荷装置に設置後、載荷する段階で「崩壊」と判断された場合は、加点の対象外
＊橋長＝ブリッジ（製作物）のはね出し部分を含めた長手方向の寸法

＊表中の「橋長 (A,B,C)」は、橋長の範囲。A：1,200～1,100mm ／ B：1,099～1,000mm ／ C：999～900mm（表2参照）
＊耐荷性能試験では、作者以外が載荷するため、従来の設置時間を超えた際の減点はしない
＊競技得点＝（載荷点＋軽量点・橋長点）
＊総得点＝競技得点＋審査員評価点
＊総得点が同点の場合は、載荷点、審査員評価点、軽量点・橋長点の順に得点の高いほう、いずれも同点の場合は質量の小さいほうを上位とする。同質量の場合は、同順位とする
＊表中の作品名は、サブタイトルを省略
＊作品番号26は、八戸高専『海猫』出場辞退により欠番

表2　軽量点・橋長点

質量(g)	橋長(mm)	A 1,100mm以上 1,200mm以下	B 1,000mm以上 1,100mm未満	C 900mm以上 1,000mm未満
	160g未満	30点	28点	26点
160g以上	200g未満	27点	25点	23点
200g以上	280g未満	24点	22点	20点
280g以上	400g未満	21点	19点	17点
400g以上	600g未満	18点	16点	14点
600g以上	800g未満	15点	13点	11点
800g以上	1,000g未満	12点	10点	8点
1,000g以上	1,200g未満	9点	7点	5点
1,200g以上	1,400g未満	6点	4点	2点
1,400g以上	1,600g未満	3点	1点	0点
	1,600g以上	0点	0点	0点

＊文中の作品名は、サブタイトルを省略。
高専名（キャンパス名）［作品名］［作品番号］で表示
＊文中の［　］内の2桁数字は作品番号

00：数字は作品番号（本書69〜75ページ）

本選審査経過

コロナ禍にオンライン方式と競技代行方式で対応

COVID-19感染対策：会場に参加学生不在、各校1作品限定で初のオンライン開催

　COVID-19感染拡大の影響を鑑み、2020年9月に参加学生の来場禁止を決定し、初のオンライン開催となった構造デザイン部門では、参加作品を各高専1作品に限定して募集することになった。開催規模の縮小を余儀なくされる中、モンゴルからの3高専を含め、例年とほぼ変わらない35高専からエントリーがあり、コロナ禍による製作活動の制限から参加辞退を申し出る作品があったものの、本選には34高専の作品が集結することとなった。

　審査員3人が来場し、作品（ブリッジ）のある会場と参加学生（各所属高専で待機）をインターネット回線でつなぎ、ビデオ会議アプリ「Zoom」を利用したオンライン方式での開催である。また、全審査過程の状況はYouTubeを介してウェブ上にライブ配信。例年と異なり審査過程を完全にオープン化したため、他高専の作品やプレゼンテーションを学べる絶好の機会となった。

　一方、来場できない学生に代わり、参加各高専から来場した代表教員1人や運営スタッフが、作品の仕様確認と耐荷性能試験を実施。学生自身が耐荷性能試験に直接関わることができない初の大会となり、参加学生の希望にどこまで沿うことできたのか、不安が残った。

企画：軽量点をとるか、橋長点をとるか

　2015年和歌山大会以降、銅を使用材料とした900mmスパン（間隔）の単純支持型ブリッジ（製作物＝作品）の課題が続いている。初回の「1点集中載荷」という課題から、製作限界の変更、非対称な2点への集中載荷、鉄球を転がす移動荷重の追加など、年々課題は進化し、難易度が高くなってきた。2019年東京大会では、使用材料が「紙」に変わったことで、前年まで使用してきた線状素材ではなく、面状素材を活用できることとなり、さらに趣向を凝らした作品が集結した。

　しかし、これまでの競技内容では、規定の荷重に耐え、軽量であることが上位になる重要な条件であったため、製作限界が決まっている以上、似た形式や形状のブリッジになりやすく、施工精度の重要性も高い大会が続いていた。また、ブリッジと謳いながら、「人や物を渡す橋」という橋本来の目的から離れた

印象の作品も多かった。

　本大会の課題設定にあたって、使用材料については昨年に変更したこともあり、早々に「紙」に決定した。その後、全国の高専の教員から成る全国高等専門学校デザインコンペティション専門部会の専門委員と相談の上、
①端から端へ物を渡す橋
②さまざまな形式や形状を考えられる橋
という2点を主眼におき、「人や物が通る空間」を確保するための「建築限界（構造部材を設置できない空間）」という新たな仕様を設定。また、製作限界を支点下方の範囲まで広げるとともに、支点より両端にはね出した部分（＝はね出し部分）も範囲に加えた（本書86ページ図1参照）。これは従来の応募作品に多かった下路式[*1]だけでなく、上路式[*2]のブリッジも作りやすくするための設定で、多様なデザインのブリッジの製作を意図している。そして、支点より下方を必ずブリッジの構造体として使用するように、載荷点を支点より下に設けた。はね出し部分は車両が通ることを想定し、かつ、耐荷性能試験での載荷方法に耐えるための構造的な意味を持ったデザインとすることを条件とした。

　一方、審査においては従来の「軽量点」に替えて、新たな配点として「軽量点・橋長点」を設定した。「軽量点・橋長点」は、質量の軽い順に点数を与える従来の軽量点方式ではなく、橋の質量と橋長のバランスにより配点が決まる形式である。橋長点は、はね出し部分を含めたブリッジの長手方向の寸法が長いほど得点が高くなるよう設定している。橋長を長くすると「橋長点」は高くなるが、部材数が増えたり、部材断面を大きくする必要が出てきたりして質量が大きくなり、「軽量点」が下がる。橋長が短ければ「橋長点」は低いが、同様の理由で質量を抑えられるので「軽量点」は高くなる。（本書67ページ表2参照）。

　今年のポイントは、上述の「建築限界」と「軽量点・橋長点」である。要項で規定した「建築限界」は、昨年と同様のアーチ構造形式[*3]やトラス構造形式[*4]を採用した場合、橋の支点近くの部材長が長くなるなど、部材の損傷を助長させることになる。また、「軽量点・橋長点」については、橋長点を捨て、これまでの経験を活かし軽量化をめざすか、橋長を長くすることをめざすか、それとも相反する両条件を満足する構造形式を考えるか、各作品の戦略が試される。この2点について各作品がどのような答えを出すのか、主催者側の期待はそこにあった。合理性に基づき、かつ、創造性に富む多種多様なブリッジを期待した。

構造デザイン

仕様確認：不合格作品も耐荷性能試験の実施へ

　今回は参加学生に代わり、各参加高専からの代表教員が1人、応募作品の仕様確認に立ち会うことになった。

　2020年12月5日（土）10:00から、前述の代表教員の立会いの下、順に仕様確認を実施した。教員の来られない高専の作品については、運営を担当する仙台高専（名取）の運営スタッフが大会前日（12月4日）に実施していた。

　仕様確認では、①製作限界の確認、②建築限界の確認、③質量計測、④橋長計測、の順に進めたが、7作品が①製作限界の確認時に載荷棒が通らず、失格となった。例年通り学生が来場していれば、その場で修正し合格となる軽微な不備であったが、今年は修正ができないため、やむを得ず不合格とした（本書67ページ表1参照）。

　ただし、教育的配慮として、不合格となった作品についても、運営スタッフが通る位置にずらして載荷棒を通し、耐荷性能試験を実施した上で、参考記録として総合点を算出。審査員特別賞の対象とすることとした。

　「紙」は湿気による膨張、乾燥による収縮の影響が大きい素材であるため、会場に作品が届くまでに微妙な狂いが生じる可能性は十分に考えられた。それだけ難しい素材を題材にした課題であるにもかかわらず、例年に比べて最初の仕様確認で合格となった作品数の割合は多く、各高専の施工精度の高さと技術力の高さに驚かされる仕様確認であった。

①製作限界の確認

②建築限界の確認

③質量計測

④橋長計測

審査員審査：オンラインならではの創意工夫に満ちたプレゼンテーション

初のオンライン方式により、運営スタッフが事前に行なった抽選により決まった順番で、各作品ごとに審査員審査のプレゼンテーション（以下、プレゼン）と質疑応答を実施した（表3参照）。会場では、順番になると審査員の前にブリッジ（作品）が運ばれ、Zoomの画面上には、全参加学生の映像と一緒に審査員、時に審査員がブリッジを見る様子を映した映像を配置。舞台上のモニタと大型スクリーンには、このZoomの画面が拡大して映し出された。順番になると審査対象の参加学生の映像が大きくなり、審査員は、ブリッジとポスターを見ながら、モニタとスクリーン上の学生の説明を聞き、質問した。例年は各作品の展示ブースでのパネルディスカッション方式で、1分間の発表と30秒の質疑応答であった。今年は、応募を各高専1作品に絞ったこともあり、質疑応答の時間を3分間に延ばし、3人の審査員それぞれが1問ずつ質問できるようにした。

審査では、「プレゼンテーション」（8点満点）、「作品の構造的合理性」（6点満点）、「作品の独自性」（6点満点）の3項目について評価。審査員評価点は合計20点満点である。審査員からは特に、作品の独自性とはね出し部分の構造力学的な合理性に関する質問が数多く寄せられた。

プレゼンの方法を自由としたことで、各作品の発表は、モニタ上でプレゼンテーションポスターを画面共有したものから、プレゼンテーション用アプリPowerPointを利用して作品の特徴をまとめ上げたもの、作品の詳細模型を用いて身振り手振りで作品の特徴を説明するものなど多岐にわたり、オンラインならではの創意工夫が施されたユニークな審査会となった。一方で、インターネット回線の不調により審査できなかった作品が1作品[35]あり、オンライン方式の弱点も露呈した。この1作品については、翌日の耐荷性能試験後にインターネット回線の回復が確認できたため、改めて審査員審査を実施することができ、ホッとした。

表3 オンライン審査員審査の審査順

審査順	予定時間	作品番号	作品名	高専名（キャンパス名）
1	13:30～13:34	18	桜島BridgeⅡ	鹿児島高専
2	13:35～13:39	24	最適梁	津山高専
3	13:40～13:44	02	なと輪	仙台高専（名取）
4	13:45～13:49	07	無敵×2	和歌山高専
5	13:50～13:54	03	橋柱	一関高専
6	13:55～13:59	29	北斗	釧路高専
7	14:00～14:04	15	繋桁橋	福島高専
8	14:05～14:09	34	撓	有明高専
9	14:10～14:14	10	三角の密接密集密閉。	舞鶴高専
10	14:15～14:19	12	蜂密	長野高専
11	14:20～14:24	08	容紙端麗	国際高専
休憩（6分間）			
12	14:30～14:34	30	堅弓	新居浜高専
13	14:35～14:39	27	さどめんこ　二〇二〇	秋田高専
14	14:40～14:44	01	律	福井高専
15	14:45～14:49	06	SANK"AKU	豊田高専
16	14:50～14:54	28	面 in Bridge	近畿大学高専
17	14:55～14:59	14	繋	神戸市立高専
18	15:00～15:04	13	紙単	苫小牧高専
19	15:05～15:09	17	Reinforce 2020	小山高専
20	15:10～15:14	05	幸	明石高専
21	15:15～15:19	25	葉紙	松江高専
22	15:20～15:24	11	夢双	呉高専
休憩（6分間）			
23	15:30～15:34	21	KEIRYU	岐阜高専
24	15:35～15:39	31	材を結ぶ	石川高専
25	15:40～15:44	22	オリーブリッジ	香川高専（高松）
26	15:45～15:49	32	テトラーチ	阿南高専
27	15:50～15:54	33	麗月	徳山高専
28	15:55～15:59	23	筒号	都城高専
29	16:00～16:04	16	琥白鳥	米子高専
30	16:05～16:09	09	結	東京都立産業技術高専（品川）
31	16:10～16:14	04	Osushi	群馬高専
32	16:15～16:19	35	平和	科技大モンゴル高専
33	16:20～16:24	20	日和橋	新モンゴル高専
34	16:25～16:29	19	繋がり	IETモンゴル高専

＊抽選により決まった順にオンライン上で発表と質疑応答
＊表中の作品名は、読み仮名とサブタイトルを省略
＊作品番号26は、八戸高専『海猫』の出場辞退により欠番

構造デザイン

耐荷性能試験：製作した学生に代わり、代表教員と運営スタッフが実施

例年では参加学生が載荷装置へ作品を設置して試験を実施するのだが、本大会では、各参加高専より来場した代表教員1人や運営スタッフが代わりを務めての実施となった。そこで、当初予定していた載荷装置への作品設置に関する時間制限（90秒）を廃止し、提出する作品に支点位置への印付けを義務づけるなど、作品を製作した学生の希望に沿う試験を実施できるよう最大限に配慮した。参加学生はモニタ上のライブ映像を通じて試験の様子を見守ることしかできず、手に汗握り観戦していたものと思われる。

耐荷性能試験は、作品質量の大きい順に2作品同時に実施。載荷治具[*5]による初期荷重は7kgf[*6]、その後30kgfまでは10kgfずつ、30kgf以降は5kgfずつおもりを載荷し、50kgfまで実施した。おもり載荷後はそれぞれ10秒間の耐荷状態を確認し、耐

えたおもりの重さがそのまま載荷点となる。本大会では最大の50kgfを耐えた作品が34作品中12作品であった。前年が62作品中47作品であったのと比較すると、最終段階の成功割合は2019年の76%から35%へと、40%程度低い結果となった（表4参照）。

試験後にZoomを使用して実施した、参加学生へのオンライン・インタビューでは、「登校禁止や課外活動規制などにより製作に十分な時間がかけられなかったため、納得いく作品づくりができなかった」とのコメントが多く、コロナ禍において学生がデザコンへ参加することの難しさを改めて痛感させられた。一方で、翌2021年大会への意気込みも聞かれ、デザコンに真摯に向き合う高専の学生の飽くなき探求心が感じられた。

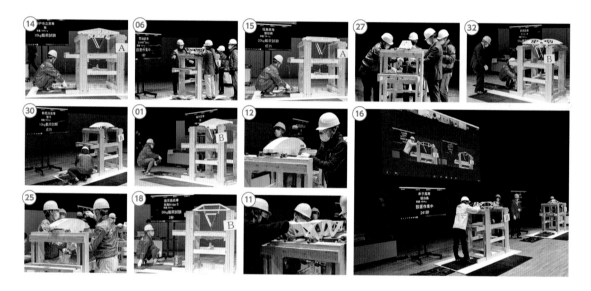

表4　耐荷性能試験の載荷順

載荷順	作品番号	作品名	高専名（キャンパス名）	質量(g)	仕様確認	全載荷成功	作品番号	作品名	高専名（キャンパス名）	質量(g)	仕様確認	全載荷成功
			載荷装置A						載荷装置B			
1	14	繋	神戸市立高専	1089.2	○	★	32	テトラーチ	阿南高専	1030.7	○	★
2	07	無敵X2	和歌山高専	895.4	○		22	オリーブリッジ	香川高専（高松）	890.5	×[*1]	
3	06	SANK"AKU	豊田高専	766.0	○	★	30	堅弓	新居浜高専	738.3	×[*1]	★
4	15	繋桁橋	福島高専	708.1	○	★	01	律	福井高専	644.6	○	★
5	10	三角の密密密密閉。	舞鶴高専	592.1	×[*1]		03	橋柱	一関高専	580.0	○	
6	09	結	東京都立産業技術高専（品川）	577.2	○		12	蜂蜜	長野高専	550.1	○	★
7	23	筒号	都城高専	535.5	○		31	材を結ぶ	石川高専	476.9	○	
8	13	紙単	苫小牧高専	382.4	×[*1]		25	葉紙	松江高専	380.7	×[*1]	★
9	29	北斗	釧路高専	365.1	○		34	撓	有明高専	354.1	○	
10	02	なと輪	仙台高専（名取）	286.6	○		18	桜島BridgeⅡ	鹿児島高専	282.0	○	★
11	27	さどめんこ 二〇二〇	秋田高専	277.0	○	★	24	最適梁	津山高専	273.0	○	
12	08	容紙端麗	国際高専	263.6	○		11	夢双	呉高専	259.2	○	★
13	33	麗月	徳山高専	258.5	○		05	幸	明石高専	254.7	○	
14	04	Osushi	群馬高専	252.7	○		28	面 in Bridge	近畿大学高専	250.9	○	
15	17	Reinforce 2020	小山高専	218.9	○		16	琥白鳥	米子高専	195.8	○	★
16	19	繋がり	IETモンゴル高専	178.7	×[*2]		20	日和橋	新モンゴル高専	163.4	○	
17	35	平和	科技大モンゴル高専	155.2	×[*1]		21	KEIRYU	岐阜高専	151.0	○	

註　*1：載荷棒を通す穴の位置がずれていて、載荷棒が通らないため不合格
　　*2：載荷棒を通す穴の位置がずれていて載荷棒が通らず、上面が製作限界を超えていたため不合格
　*載荷装置2台で同時に載荷。各載荷装置ごとに、仕様確認での作品質量の大きなものから順に載荷
　*作品番号26は、八戸高専「海猫」の出場辞退により欠番

　*表中の作品名は、読み仮名とサブタイトルを省略
　*表中「全載荷成功」欄の★12作品は、載荷の全過程を成功
　*表中「仕様確認」欄の○は合格、×は不合格。不合格作品は、位置をずらして載荷棒を通し耐荷性能試験に参加させたが、得点は参考記録。総合順位は付かない

構造デザイン

審査講評：独自の構造形式、高い「軽量点・橋長点」、
全載荷成功が入賞へ

　耐荷性能試験の結果を加えた得点集計がまとまると、審査員
からの講評、続いて結果発表を、所属高専に待機する参加学生
たちにオンラインで配信した。

　今年、集まった作品は、トラス構造形式[*4]、アーチ構造形
式[*3]、ラーメン構造形式[*7]をはじめ、側面に膜状の紙を張った
作品、ハニカム構造[*8]を利用した作品、トンネル状の作品、基
本形の組合せや変形を施した作品など多種多様で、独自の創造
性にあふれる作品ばかり。使用される部材断面にも工夫が施さ
れ、数種類の断面形状を使い分けた作品など、製作した学生た
ちの設計能力の高さを窺える作品が多かった。

　その中でも入賞した作品は、斜張橋[*9]形式の山形ラーメン
構造形式[*10]、側面に膜状の紙を張った山形ラーメン構造形式、
アーチの組合せからなる構造形式、サスペン・アーチ構造[*11]に
類似した構造形式と、それぞれ独自の構造形式を確立し、しっ
かりと載荷点で満点を獲得できる作品を作り上げてきていた。
上位3作品の米子高専『琥白鳥』[16]、呉高専『夢双』[11]、秋
田高専『さどめんこ　二〇二〇』[27]については、「軽量点・橋
長点」の高得点に積極的に挑むとともに、要求された載荷に耐
える得る構造体を実現した設計能力の高さに感服するところで
あった。

　とは言え、先の見えない社会状況の中、納得のいく作品づく
りができず、悔いが残る学生もいたかと思われる。コロナ禍の
早期収束を切に願うとともに、例年とは大きく異なる大会の運
営状況に対する、参加高専の学生と教職員、大会運営スタッフ
の理解と協力に感謝し、まとめとしたい。

（藤田　智己　仙台高専〈名取〉）

註
*1　下路式：アーチやトラスなどの構造体の下側に路面がある橋梁
*2　上路式：アーチやトラスなどの構造体の上側に路面がある橋梁
*3　アーチ構造形式：アーチ形に部材を組み上げた構造形式
*4　トラス構造形式：本書64ページ註10参照
*5　載荷治具：おもりを載荷するための器具。本書86ページ図2参照
*6　kgf：本書67ページ註7参照
*7　ラーメン構造形式：本書60ページ註1参照
*8　ハニカム構造形式：正六角形または正六角柱を隙間なく並べた構造形式
*9　斜張橋：本書60ページ註2参照
*10　山形ラーメン構造形式：トラスを使わず、ラーメン構造の柱と梁で山
　　　形に組む構造形式
*11　サスペン・アーチ構造形式：サスペンション（吊り）とアーチを組み合
　　　わせた構造形式

構造デザイン

開催概要

構造デザイン部門概要

【課題テーマ】
由緒と由来── 素材とかたち

【課題概要】
2019年東京大会と同様、「紙」を用いた橋（ブリッジ）がテーマ。使用できる材料は指定された紙2種類、木工用接着剤2種類のみ。「橋」という言葉の由来である「端」と「端」をつなぎ、物や人を渡すための建築限界（構造部材を設置できない空間）を設けた橋について、紙という素材の持つ強さやしなやかさ、軽さなどの特性を最大限に活かした「耐荷性」「軽量性」「デザイン性」に富む橋の製作を課題とする。

【審査員】
中澤 祥二（審査員長）、岩崎 英治、中尾 吉宏

【応募条件】
①高等専門学校に在籍する学生
②個人または6人以内のチームによるもの。各校1作品のみ
③他部門には応募不可

【応募数】 35作品（193人、35高専）

【応募期間】
質疑：2020年4月20日（月）～6月5日（金）17:00
回答：6月中旬頃より公式HPにて公開
エントリーシート提出：
　2020年10月26日（月）～30日（金）17:00
プレゼンテーションポスターのデータ提出：
　2020年11月24日（火）～27日（金）17:00
本選提出物：
　2020年12月4日（金）必着で送付、または本選当日に持参

【事前提出物】
①エントリーシート：高専名、作品名、コンセプト、チームメンバー
　氏名、学科名、学年、指導教員氏名など
②プレゼンテーションポスターのデータ（後述「本選提出物」②の
　PDFデータ）

本選審査

【日時】 2020年12月5日（土）～6日（日）

【会場】
審査員審査、耐荷性能試験：名取市文化会館　1階　大ホール
展示、仕様確認：名取市文化会館　1階　大ホールホワイエ
運営本部と審査員は名取市文化会館、本選参加作品の学生は所属高専にて参加。名取市文化会館と参加高専をインターネット回線でつなぎ、ビデオ会議アプリ「Zoom」を利用して審査員審査を実施し、耐荷性能試験と審査員講評をライブ中継。仕様確認を除く全審査過程の動画をインターネットによりYouTubeでライブ配信

【本選提出物】
①ブリッジ（製作物＝作品）：指定どおりのもの（本書86～87ページ参照）
②プレゼンテーションポスター：A2判サイズ（横向き）1枚。高専名、作品名、コンセプト、作品の写真、アピールポイントを記載

【審査過程】
審査方式：仕様確認、競技＝耐荷性能試験は、参加各校より来場した代表教員と運営スタッフが代行。審査員審査はオンライン方式で実施
参加数：34作品（187人、34高専）*¹
日時：2020年12月5日（土）
①仕様確認　10:00～12:00
②審査員審査　13:15～16:30
日時：2020年12月6日（日）
①競技＝耐荷性能試験　9:30～13:00
②成績集計と審査　13:00～14:00
③審査員講評　14:00～14:30

註　＊1：作品番号26八戸高専が不参加

＊本書77～85ページの氏名の前にある◎印は学生代表
＊作品番号26は、八戸高専『海猫』の出場辞退により欠番
＊順位に掲載。順位の付かない仕様確認不合格作品は、末尾に作品番号順に掲載
＊総得点が同点の場合は、載荷点、審査員評価点、軽量点・橋長点の順に得点の高いほう、
　いずれも同点の場合は質量の小さいほうを上位とする。同質量の場合は、同順位とする
＊＊1：仕様確認不合格のため、得点は参考記録。総合順位は付かない

 ：数字は作品番号（本書77～85ページ）

本選 28 作品

⑫ 長野高専

順位：6
質量：550.1g
総得点：77

蜂密

◎籾山 遥希、岩渕 和生（5年）、松嵜 友莉菜（4年）、戸田 英寿、齋藤 寛樹、
春原 太喜（3年）［環境都市工学科］
担当教員：奥山 雄介［環境都市工学科］

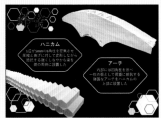

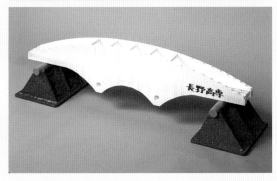

⑮ 福島高専

順位：8
質量：708.1g
総得点：74

繋桁橋 （つなげたばし）

◎佐藤 玄佳［建設環境工学科5年］／川上 萌依（4年）、芳賀 海音、浜田 怜（3年）、
豊増 汰一（2年）、吉田 里奈（1年）［都市システム工学科］
担当教員：橘 一光［都市システム工学科］

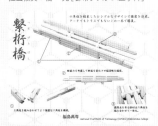

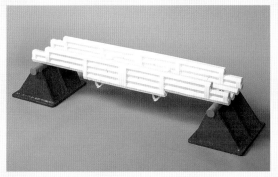

① 福井高専

順位：7
質量：644.6g
総得点：75

律 （りつ）

◎田中 こころ、渡辺 瑚乃羽、南部 紗季（3年）、小形 光祐、髙木 皓也（2年）［環
境都市工学科］／大澤 介成［電気電子工学科3年］
担当教員：樋口 直也［環境都市工学科］

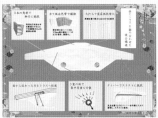

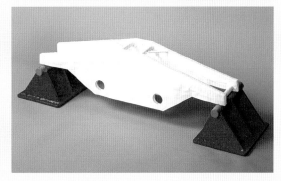

㉜ 阿南高専

順位：9
質量：1030.7g
総得点：70

テトラーチ

◎白石 智也、三木 康平、大藪 一基、松本 礼央（5年）、国原 鈴乃、南 里佳（3年）
［創造技術工学科建設コース］
担当教員：笹田 修司［創造技術工学科建設コース］

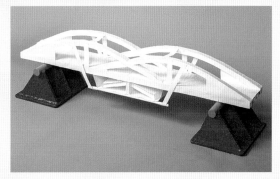

構造デザイン

㉘ 近畿大学高専

順位：10
質量：250.9g
総得点：70

面 in Bridge

◎杉本 勇之介、福井 駿平、蒲生 和乃慎、平井 太一［総合システム工学科都市環境コース建築系5年］／中瀬 誓子［総合システム工学科都市環境コース土木系5年］
担当教員：松岡 良智［総合システム工学科都市環境コース建築系］

㊀ 明石高専

順位：11
質量：254.7g
総得点：70

幸

◎品田 唯斗、酒澤 一輝、中山 旭、楠田 創、石原 由貴、高瀬 睦月［都市システム工学科4年］
担当教員：三好 崇夫［都市システム工学科］

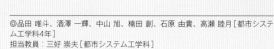

㊃ 群馬高専

順位：12
質量：252.7g
総得点：68

Osushi

◎浅見 健斗、内山 康太郎（4年）、木暮 悠暁、町田 宇輝（3年）、佐竹 海聖（2年）［環境都市工学科］／佐藤 義明［電子メディア工学科3年］
担当教員：井上 和真［環境都市工学科］

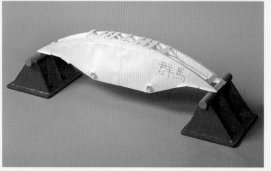

㉔ 津山高専

順位：13
質量：273.0g
総得点：68

最適梁
さいてきびーむ

◎福田 航大、内山 敬之（5年）、松浦 真己（4年）［総合理工学科機械システム系］
担当教員：塩田 祐久［総合理工学科機械システム系］

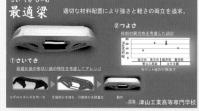

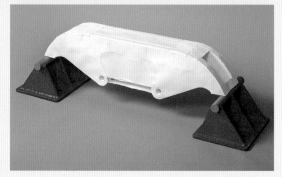

⑳ 新モンゴル高専 日和橋
順位：14
質量：163.4g
総得点：68

◎バター・アリウンボルド、アルタンゲレル・フスレン、ゾリグト・トゥグルドル、フレルバータル・エルフレン、ビャンバドルジ・エンフビレグ、バトバヤル・バヤルチメグ［土木建築工学科4年］
担当教員：Bayarsaikhah Naranbaatar、綿貫 久［土木建築工学科］

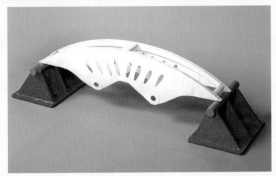

⑭ 神戸市立高専 繋
順位：15
質量：1089.2g
総得点：67

三原 拓也、貝澤 啓太（4年）、◎藤田 潮央（2年）、児玉 卓謹、坂 潤哉、勅使河原 豊（1年）［都市工学科］
担当教員：上中 宏二郎［都市工学科］

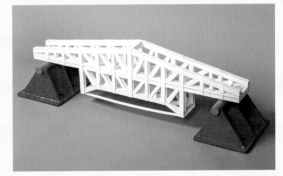

㉞ 有明高専 撓
順位：16
質量：354.1g
総得点：65

中川 朋香（5年）、◎廣瀬 舞南、赤木 優羽、藤山 はな（4年）、下村 麟、大久保 龍弥（3年）［創造工学科建築コース］
担当教員：岩下 勉［創造工学科建築コース］

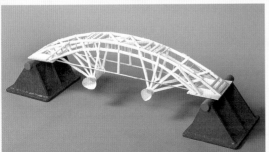

⑧ 国際高専 容紙端麗
順位：17
質量：263.6g
総得点：64

◎相木 理来、金澤 功明、森 逸斗［機械工学科5年］
担当教員：金井 亮［機械工学科］

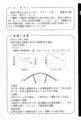  
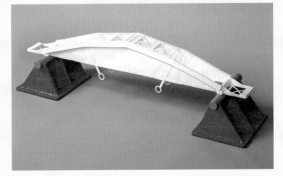

構造デザイン

⑦ 和歌山高専
無敵X2

順位：18	
質量：895.4g	
総得点：61	

◎妻木 優弥、坂本 祐輔（4年）、杉﨑 凌哉、冷水 孝太郎、瓜生田 彩月、中西 葉都貴（3年）[環境都市工学科]
担当教員：山田 宰[環境都市工学科]

㉓ 都城高専
筒号 —— TSU TSU GO

順位：19	
質量：535.5g	
総得点：58	

◎米澤 翔大、兒玉 大輝、柴田 良謙、米吉 勇樹[建築学科5年]
担当教員：加藤 巨邦[建築学科]

㉑ 岐阜高専
KEIRYU

順位：20	
質量：151.0g	
総得点：56	

◎桐山 日菜子、豊村 日菜、井上 雄太、大石 裕翔、大平 尚輝、本杉 蓮[先端融合開発専攻専攻科1年]
担当教員：廣瀬 康之[環境都市工学科]

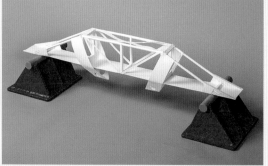

⑰ 小山高専
Reinforce 2020

順位：21	
質量：218.9g	
総得点：54	

◎福田 大樹、石原 響、額田 しおり、青木 和洋（3年）、外山 暖華、横手 美佑（2年）[建築学科]
担当教員：堀 昭夫[建築学科]

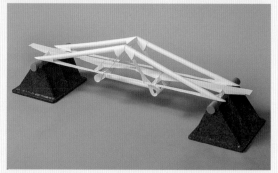

⑫ 仙台高専（名取）

順位：22
質量：286.6g
総得点：51

なと輪

木村 花音、岩佐 佳慧（4年）、◎佐野 竣亮、佐藤 琉人、及川 凪（2年）［総合工学科Ⅲ類建築デザインコース］
担当教員：吉野 裕貴［総合工学科Ⅲ類建築デザインコース］

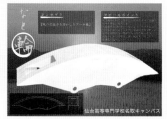

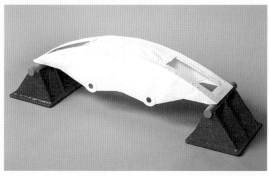

㉛ 石川高専

順位：23
質量：476.9g
総得点：49

材を結ぶ

◎浜辺 祥里、安良田 真大、上田 寛也、木下 紗希、榮田 真優、矢島 直生［建築学科4年］
担当教員：船戸 慶輔［建築学科］

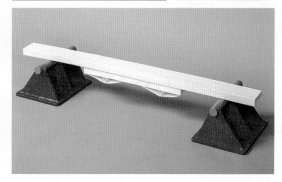

⑨ 東京都立産業技術高専（品川）

順位：24
質量：577.2g
総得点：46

結
むすび

須藤 健（5年）、◎板倉 正明、網野 心、高木 亮太郎、永島 譲、丸岡 昂平（4年）［ものづくり工学科生産システム工学コース］
担当教員：上島 光浩［ものづくり工学科生産システム工学コース］

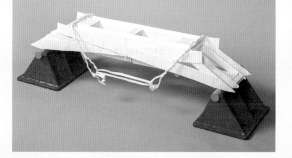

㉝ 徳山高専

順位：25
質量：258.5g
総得点：46

麗月

◎清水 一樹、淺田 穂乃果、加納 万帆里（4年）、井上 綾、尾﨑 未悠（3年）、石井 来実（2年）［土木建築工学科］
担当教員：海田 辰将［土木建築工学科］

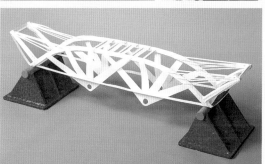

㉙ 釧路高専

順位	: 26
質量	: 365.1g
総得点	: 39

北斗——HOKUTO

◎花田 蘭、佐々木 祥、伊地知 香月（5年）、下山 雄大（4年）、佐藤 侃音、
本橋 幸大（2年）［創造工学科建築デザインコース建築学分野］
担当教員：西澤 岳夫［創造工学科建築デザインコース建築学分野］

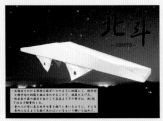

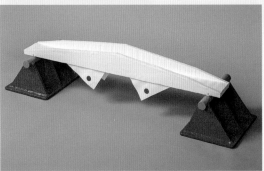

㉃ 一関高専

順位	: 27
質量	: 580.0g
総得点	: 26

橋柱

◎長野 昌生、中村 怜菜、山平 凪沙［制御情報工学科5年］
担当教員：柴田 勝久［未来創造工学科機械・知能系］

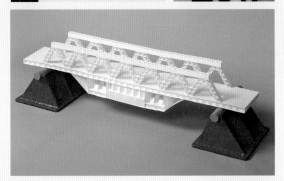

⑩ 舞鶴高専

順位	: －
質量	: 592.1g
総得点	: 75 **1

三角の密接密集密閉。
——これが三密効果？**1

藤田 凱、長澤 華美（5年）、岡本 匡平（4年）［建設システム工学科建築コース］／
◎谷口 竣哉（3年）、西尾 健矢、日下部 元喜（2年）［建設システム工学科］
担当教員：玉田 和也［建設システム工学科］

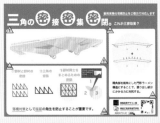

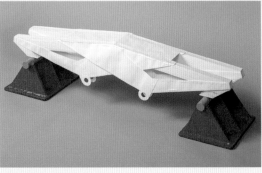

⑬ 苫小牧高専

順位	: －
質量	: 382.4g
総得点	: 71 **1

紙単（かみひとえ）**1

角田 洋太郎［電子・生産システム工学専攻専攻科1年］／◎合田 拓真、権藤 由衣
［創造工学科都市・環境系3年］／田中 夏威斗、林 憲伸［創造工学科機械系2年］
／村上 拓郎［創造工学科電気電子系2年］
担当教員：中村 努［創造工学科都市・環境系］

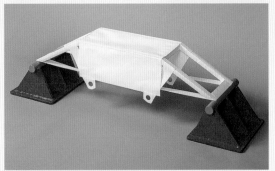

⑲ IETモンゴル高専

順位:ー
質量:178.7g
総得点:67**1

繋がり****1**

◎バトツオージ・エルデネオチル、エンフバータル・ビャムバジャルガル、バヤルマグナイ・エルヘム、ダンザン・ゾルバヤル（3年）、ガンゾリグ・フラン、ムンブボルド・ノムンダリ（2年）［建設工学科］
担当教員：エルデネスレン・ガントゥルガー［建設工学科］

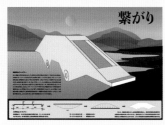

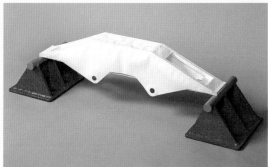

㉒ 香川高専（高松）

順位:ー
質量:890.5g
総得点:67**1

オリーブリッジ
── OLIVE BRIDGE****1**

◎泉 陽彩、天野 唯翔、笠松 久人、敷地 泰成、重成 陽生、西岡 一樹［建設環境工学科4年］
担当教員：高橋 直己［建設環境工学科］

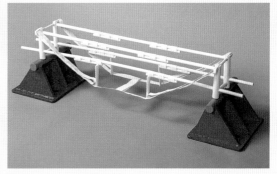

㉚ 新居浜高専

順位:ー
質量:738.3g
総得点:72**1

堅弓
けんきゅう****1**

◎合田 大雅、松村 龍河、四ツ田 大和、渡部 蓮［機械工学科5年］
担当教員：越智 真治［機械工学科］

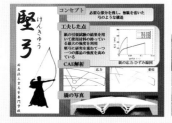

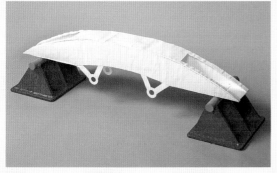

㉟ 科技大モンゴル高専

順位:ー
質量:155.2g
総得点:44**1

平和****1**

◎トモルバートルエンフ・ビルグーン、バトバヤル・アリウンヒシグ、ニャムバヤル・マラル、ジャムスラン・アマラサナー（5年）、バタウルジー・アリウンザヤー、ダンザンラブ・ジャーガンバタ（4年）［土木建築学科］
担当教員：オトゴンバヤル・ガンチメグ［土木建築学科］

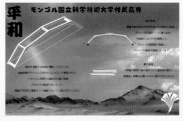

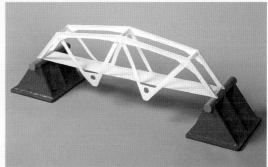

構造デザイン

構造デザイン部門
応募要項と競技内容（要約）

ブリッジ（製作物＝作品）の設計・製作条件

1. 構造形式
単純支持形式の構造体

2. 載荷条件
固定荷重（集中荷重）を与える載荷方式
固定荷重：ブリッジを載荷装置に載せ、ブリッジの左右対称の位置に載荷する。順次、おもりを作用させる（図4参照）
製作限界内のSa点に径22φの丸鋼を通し、その両端に外側から載荷治具*1（図2参照）を組み込み、丸鋼の両端にナットを取り付け、製作限界の幅200mmを確保する。Sb点でも同様にし、載荷治具の他端同士をSc点で径22φの丸棒を通してその両端にナットを取り付ける。
このSc点を通す丸鋼の中央に付いた吊りピースに載荷ワイヤ先端のフックをかけることにより荷重を載荷する（図1、87ページ右上写真参照）

3. 支持条件
ブリッジを載せることができる支持部はRa点、Rb点の2カ所（図1、図3参照）
①Ra点：水平方向の移動が固定された「ピン支持」
②Rb点：リニアガイド（ミスミ製SXR28）を組み込んで水平方向に移動可能な「ローラー支持」
ブリッジを載荷台に設置する際、ブリッジが支点と接することができるのは、支持部の直角二等辺三角形（1辺20mm）の山形鋼頭部のみとする。また、載荷により製作物が変形した場合は、山形鋼の他の面に接触しても構わない

4. 寸法
図1に示す製作限界内に収まる寸法かつ、建築限界が設けられていること。支点間の水平スパン（間隙）長900mmの単純支持形式の構造体（ブリッジ）

5. 質量
計測器具（エー・アンド・デイ製 EK-4100i／秤量4,000g、最小表示0.1g）を用いて、作品の質量を測定

6. 橋長
計測器具（Leica DISTOTM D210）を用いて、作品の橋長がA「1,100mm以上1,200mm未満」、B「1,000mm以上1,100mm未満」、C「900mm以上1,000mm未満」のどの範囲に属するかを測定

7. 使用材料
①使用可能な材料は、紙と木工用接着剤
②紙は次の2種類に限る。必ずしも全製品を使用する必要はない。同等品の使用は不可
　1)コクヨ　高級ケント紙（セ-KP17）
　　サイズ：A2判　坪量：157g／m²
　2)菅公工業　ケント紙（ベ065）
　　サイズ：A2判　坪量：157g／m²
③木工用接着剤は主成分が酢酸ビニル樹脂系エマルジョン形とし、次の2種類に限る
　1)コニシ　木工用CH18
　2)セメダイン　木工用605

8. 部材の加工と接着
①紙を任意形状に切ったり、折ったり、よじったり、丸めたりしてもよい
②一度溶かすなど使用材料の原形をとどめないような使い方は不可
③紙同士を接着剤で接着することは可
④複数枚の紙を接着剤で貼り合わせてもよい。ただし、単に紙自体の強度を増すなど、接着以外の目的での含浸処理は不可

9. 初期荷重
載荷治具、スプリングフック、載荷ワイヤ、おもり受けなどの総質量7kgがセッティング荷重（初期荷重）として作用するが、このセッティング荷重は耐荷荷重には含めない

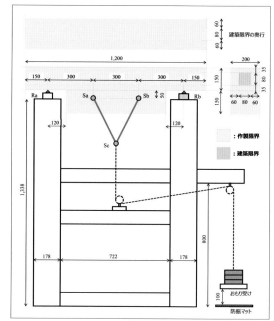

図1：載荷装置と制作限界の立面図（単位：mm）

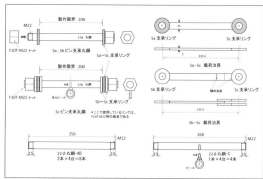

図2：載荷治具部材詳細（単位：mm）

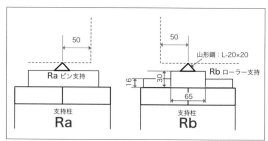

図3：載荷台支持柱（単位：mm）

競技内容

製作したブリッジの耐荷性能を競う

●競技＝耐荷性能試験

1. 載荷順
仕様確認の際に計測した質量の大きい順に、2台の載荷装置を使い2組のブリッジ（製作物）に同時に載荷する（本書72ページ表4参照）

2. 載荷装置への設置と載荷試験
参加各校から来場した代表教員1人と運営スタッフが実施

3. 載荷方法（図4参照）
①初期荷重は7kgf[*2]とし、追加で50kgfまでおもりを載荷する
②30kgfまでは、10kgf刻み、30kgf以降は5kgf刻みで載荷
③各載荷段階では、載荷後10秒間の耐荷状態を確認後、次の載荷段階へ移る
④耐荷状態とは、おもり受けが防振マットに接していない状態のこと

4. 競技の継続不能状況
Sc点に変位がない状態で、おもり受けと防振マットの距離は100mm（図1参照）。おもり受けが防振マットに接した場合、製作物に破断が生じていなくても崩壊しているものとみなし、競技を終了

審査方法

「仕様確認」「審査員審査」「耐荷性能試験」を通して、製作されたブリッジの耐荷性能、デザイン性などを競う
応募作品（ブリッジ、プレゼンテーションポスター）は、①競技得点と②審査員評価点を合計した③総得点により評価し、高い作品ほど上位の順位を得る。なお、同点の場合は、載荷点、審査員評価点、軽量点・橋長点の順に点数の高いほうが上位。それでも決まらない場合は、軽量の作品を上位とする。同質量の場合は、同順位とする

①競技得点
競技得点は、載荷点と軽量点・橋長点の合計80点満点とする
　1）載荷点：耐荷荷重のkgf数を点数とする（50点満点）
　2）軽量点・橋長点：点数表（本書67ページ表2参照）に基づき、ブリッジの質量と橋長により決定する（30点満点）

　　競技得点＝（載荷点 ＋ 軽量点・橋長点）

②審査員評価点
審査員評価点は、20点満点とする
　1）審査は「プレゼンテーション」（8点満点）、「作品の構造的合理性」（6点満点）、「作品の独自性」（6点満点）の3項目を評価する
　2）審査はオンライン方式で実施。各作品1分間の発表と3分間の質疑応答とする
　3）プレゼンテーションの方法は自由とする

　　総得点＝競技得点 ＋ 審査員評価点

各回の載荷荷重	合計固定荷重	得点	累計得点
10kgf	10kgf	10点	10点
10kgf	20kgf	10点	20点
10kgf	30kgf	10点	30点
5kgf	35kgf	5点	35点
5kgf	40kgf	5点	40点
5kgf	45kgf	5点	45点
5kgf	50kgf	5点	50点

図4：載荷手順フローと得点

註
＊1　載荷治具：本書74ページ註5参照。詳細は本書86ページ図2参照
＊2　kgf：本書66ページ註7参照

構造デザイン

審査員長

中澤 祥二
なかざわ しょうじ

豊橋技術科学大学　教授

1970年	愛知県豊橋市生まれ
1993年	豊橋技術科学大学建設工学課程卒業
1995年	同大学院工学研究科機械・構造システム工学専攻修士課程修了
1997年	日本学術振興会　特別研究員（DC2）
1998年	豊橋技術科学大学大学院工学研究科機械・構造システム工学専攻博士後期課程修了　博士（工学）
1998年	日本学術振興会　特別研究員（PD）
1999-2007年	豊橋技術科学大学建設工学系助手
2007-08年	同　助教
2008年	同　准教授
2008-09年	岐阜工業高等専門学校建築学科准教授
2009-10年	豊橋技術科学大学建設工学系准教授
2010-14年	同学建築・都市システム学系准教授
2014年-	同　教授

◆主な活動
学会活動として、日本建築学会シェル・空間構造運営委員会　委員（2004年-）、日本建築学会立体骨組小委員会　委員（2012-16年）など

◆主な論文
「シェル・空間構造の減衰と応答制御」（共同執筆、2008年、日本建築学会）、「ラチスシェルの座屈と耐力」（共同執筆、2010年、日本建築学会）、「ラチスシェル屋根構造設計指針」（共同執筆、2016年、日本建築学会）など

◆主な受賞
日本建築学会東海支部東海賞（1998年）、国際シェル・空間構造学会坪井賞（2002年）など

審査員

岩崎 英治
いわさき えいじ

長岡技術科学大学大学院　教授

1962年	北海道生まれ
1985年	長岡技術科学大学工学部建設工学課程卒業
1987年	同大学院工学研究科建設工学専攻修士課程修了
1990年	同大学院工学研究科材料工学専攻博士課程修了　工学博士
1990-98年	同学建設系　助手
1998-2000年	徳山工業高等専門学校土木建築工学科　助教授
2000-07年	長岡技術科学大学環境・建設系助教授
2007-12年	同　准教授
2012-15年	同　教授
2015年-	同大学院工学研究科環境社会基盤工学専攻　教授

◆主な活動
鋼橋を中心とした土木鋼構造の構造解析法をはじめ、腐食耐久性の向上のため腐食環境評価、防食法、および既設鋼構造の余耐力評価、リダンダンシー評価法などを中心に研究、活動。学会活動として、土木学会構造工学委員会継続教育小委員会　委員長（2012年-）、日本鋼構造協会「土木鋼構造診断士」テキスト改訂小委員会委員長（2013年-）、土木学会鋼構造委員会既設鋼構造物の性能評価と回復のための構造解析技術に関する小委員会　委員長（2015-18年）、日本鋼構造協会「土木鋼構造診断士」専門委員会委員長（2019年-）、土木学会構造工学委員会構造工学論文集編集小委員会　委員長（2019年-）など

◆主な著書、論文
「耐候性鋼橋梁の可能性と新しい技術」（共同執筆、『テクニカルレポート』No.73、2006年、日本鋼構造協会）、「耐候性鋼橋梁の適用性評価と防食予防保全」（共同執筆、『テクニカルレポート』No.86、2009年、日本鋼構造協会）、「既設鋼構造物の性能評価・回復のための構造解析技術」（共同執筆、『鋼構造シリーズ32』、2019年、土木学会）など

◆主な受賞
土木学会構造工学シンポジウム論文賞（2015年）など

審査員

中尾 吉宏
なかお よしひろ

国土交通省　職員

1972年	愛知県春日井市生まれ
1995年	早稲田大学理工学部土木工学科卒業
1997年	早稲田大学大学院理工学研究科建設工学専攻修了
	建設省（現・国土交通省）土木研究所耐震技術研究センター振動研究室　採用
2001-06年	国土交通省国土技術政策総合研究所危機管理技術研究センター地震防災研究室　研究官
2006年	同　主任研究官
2006-07年	スタンフォード大学（アメリカ合衆国）地震研究センター　客員研究員
2007-10年	国土交通省国土技術政策総合研究所危機管理技術研究センター地震防災研究室　主任研究官
2010-13年	同省同研究所企画課　課長
2013-15年	インドネシア共和国公共事業省　派遣
2015-16年	国土交通省道路局道路交通管理課ITS推進室　課長補佐
2016-17年	同省国土技術政策総合研究所道路構造物研究部道路地震防災研究室主任研究官
2017-18年	同省同研究所社会資本マネジメント研究センター社会資本マネジメント研究室　室長
2018-20年	宮崎県県土整備部高速道対策局局長
2020年-	国土交通省東北地方整備局仙台河川国道事務所　所長

◆主な活動
東日本大震災の復興道路をはじめとする道路整備や河川・海岸事業に従事（2020年-）。日本道路協会耐震設計分科会　委員（1997年-）、日本道路協会耐震調査法検討小委員会　委員（2007年）、土木学会建設マネジメント委員会　委員（2017年）、日本地震工学会　理事（2017-18年度）を務める

◆主な著書、論文
主な著書に、『道路橋示方書・同解説Ⅴ耐震設計編』（2002年、2017年、日本道路協会）など。主な論文に「確率論的な地震ハザードマップの作成手法」（国総研研究報告19号、2013年、国土交通省国土技術政策総合研究所）、「日本におけるITS分野の取り組み」（第2回日・インドネシア建設次官級会合、2014年、国土交通省）、「平成28年熊本地震による道路橋被害の統計分析」（地震工学論文集第37巻、2018年、土木学会）など

創造
デザイン部門

課題テーマ

新しい結のかたち ── 持続可能な地域創生

「結の精神」により地域資源を創造維持することで、地域の問題を解決してきた日本。しかし、従来の手法にとらわれず、明確な目的を持って行動する、新しいコミュニティの担い手が求められる今、「新しい結のかたち」の創造が必要である。

各高専が立地する地域の課題を多様な人々の協働によって解決する実践的提案を求める。自ら「こと」を興すつもりで取り組むこと。

予選 24作品	本選（オンライン方式）8作品	受賞 6作品
2020.08.31-10.02 予選応募 2020.10.10 予選審査	2020.12.05 ポスターセッション ワークショップ アイディアの発表（まとめ） 2020.12.06 プレゼンテーション （オンライン学生座談会） 審査結果発表、審査員講評	最優秀賞（文部科学大臣賞） 07 明石高専『一円電車でつなぐ』 優秀賞 08 石川高専『よぼしむすび』 24 石川高専『めぐる地域の玄関 —— 小規模特認校から広がる新しい結のかたち』 審査員特別賞 12 明石高専『塩屋おすそわけバザール —— リノベーションで醸成するまちづくりの提案』 22 近畿大学高専『名張の水路発見 —— 子供の遊び場ふたたび』 名取市長賞 21 仙台高専（名取）『架ける和紙、染まるまち』

07 明石高専

最優秀賞 一円電車でつなぐ
文部科学大臣賞

◎山﨑 なずな [建築・都市システム工学専攻専攻科1年] ／市岡 翼、川畑 礼奈、鳴瀧 康佑 [建築学科5年]
担当教員：工藤 和美 [建築学科]

提案主旨：
中世から鉱山集落として栄えた歴史がある、兵庫県養父市大屋町明延で開催されている「一円電車まつり」を継続させるために、「Make money! Use money!」をより活性化することをめざした提案である。
そこで私たち高専の学生は、「一円電車まつり」専属の広告代理店となり、鉱山遺構を後世に伝え続ける人々や特産品の酒、桑茶、野菜などを来訪者にアピールしようと3つの活動を考えた。1つめが、明延で活躍する人と特産品を描いた「まんがパネル」を作り、街の中で宣伝する方法である。2つめは、リノベーション（改修）した空き家を活用して、明延でしか提供できないものをまとめて味見できるカフェの運営である。3つめは、自身で描いた絵が「まんがパネル」になり、明延の街に登場できるというワークショップの提案である。これは、明延でしかできない楽しい体験であり、リピーターが増えると思われる。
「一円電車まつり」の「結」を最大限に活かした3つの活動によって、「あけのべ一円電車まつり」を販売促進しようと考えた。

▎審査講評
プロジェクトや事業がうまくいくかどうかには、非常に微妙なものがあると思うが、その中で、重要な要素として挙げられる1つがソーシャル・キャピタル[*1]を活かした取組みなのではないだろうか。そういった文脈で、他を上回る圧倒的な共感力をもった提案であった。
キャッチーすぎる一円電車に、名前負けすることなく、「まんがパネル」や「まんが登場券」といったアイディアは評価に値する。ここで提案したプランが実現する日には、明延に行きたいと思うので、これらのアイディアを実践してほしい。楽しみにしている。
（西山 佳孝）

註
*1 ソーシャル・キャピタル：人々の協調行動が活発化することにより、「信頼」「規範」「ネットワーク」という社会組織が、社会の効率性を高める上で重要となる、という概念

00：数字は作品番号（本書90〜98ページ）　　＊本書92〜98ページの氏名の前にある◎印は学生代表　　＊＊1：本選欠場

①12月5日のポスターセッションで発表したVer.2ポスター

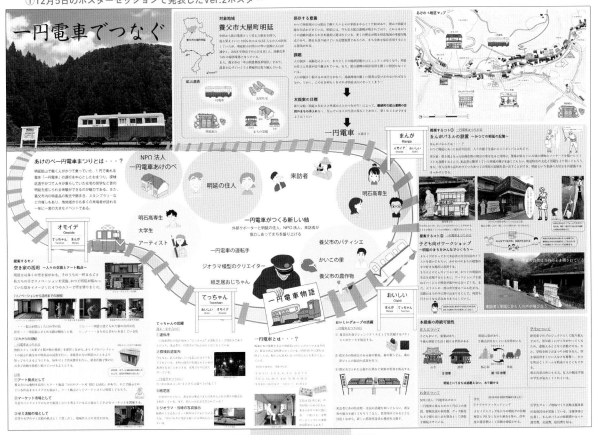

②12月6日のプレゼンテーションで発表したVer.3ポスター

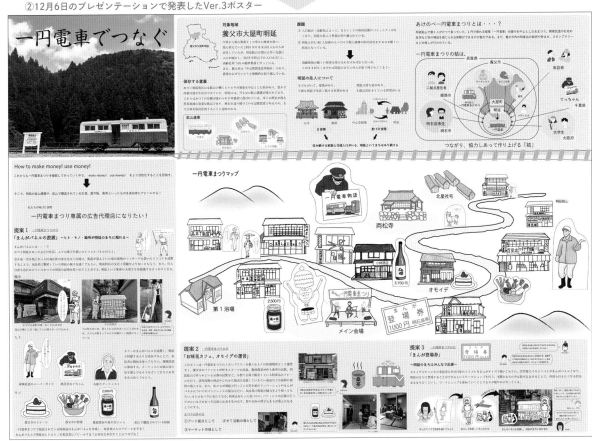

(08) 石川高専

優秀賞 よぼしむすび

◎杉山 隼斗（5年）、釣 翔也（4年）[建築学科]
担当教員：道地 慶子 [建築学科]

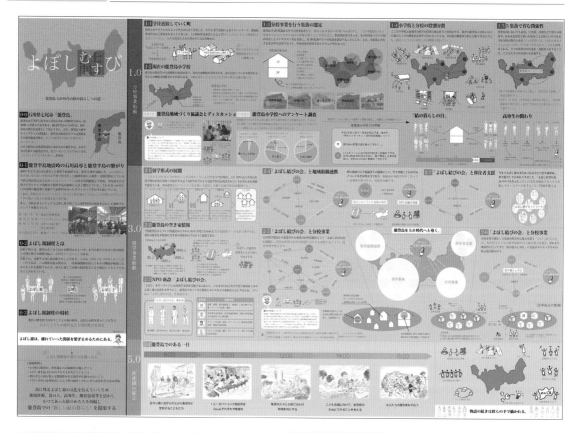

提案主旨：

石川県七尾市能登島は能登半島の中央に位置し、ここには能登の豊かな里山里海を凝縮した自然と暮らしがある。能登島では古くから伝わる「よぼし親」という擬制親子の慣習があったが、現在は子供と大人の顔が見える関係性が希薄化し、この慣習は消失の危機にある。能登島の老爺の「よぼし親は離れていった関係をつなぎ止めるためにある」という言葉が、今回の課題テーマである「結」の提案の着想となった。

本提案では、能登島での10年後の「新しい結の暮らし」を実現するために、新しい技術と地域資源、高専の学生などの力を活かした分校事業や留学事業を段階的に実現し、「結」のかたちを再編する「よぼしむすびの物語」を描く。「よぼしむすび」という文化を組織化し、さまざまな活動を円滑に運営するための新しい組織を立ち上げ実行していく。多くの人を巻き込む「よぼしむすびの物語」を通して、「よぼし親」の文化を後世へ受け継ぐ。

▌審査講評

提案内容のクオリティの高さをはじめとして、総合力に審査員一同、舌を巻いた。

オトナでも簡単にできる提案ではなく、かつ、よぼし親制度ということを知らしめてくれたことには、特に価値があったと思う。

提案してくれた「よぼしむすび1.0」から3.0、5.0というエコシステムが構築されるところを見てみたい。

めんどうくさいことを書くが、ここまでのステージに来る力があるのならば、提案に留まらず、考えた責任を取って、この先を実現するところまでをゴールにしてみてほしい。

実現に向けて、困りごとがあるようならば、何なりと審査員にぶつけてもらいたいと思う。

（西山 佳孝）

② 石川高専

優秀賞

めぐる地域の玄関
—— 小規模特認校から広がる新しい結のかたち

◎石田 光之介（5年）、大塚 壮太、寺田 優衣、松村 華子（4年）［建築学科］
担当教員：内田 伸［建築学科］

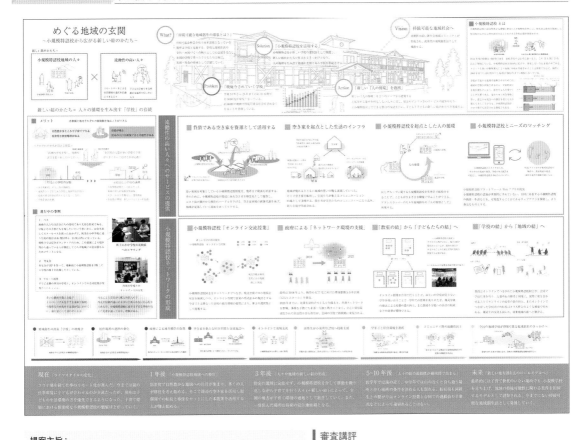

提案主旨：

「新たな結」は、定住者に依存しない、持続可能な地域創生における核となる。地域を維持するには「学校」を存続させる必要がある。学校が廃校となれば、子育て層の転入は見込めず、人の新たな循環は停滞し、地域の高齢化は加速する。そこで、学区外から生徒を受け入れ、小規模でありながらも学校を存続させる「小規模特認校制度[*2]」に着目した。

コロナ禍でリモート・ワーカー（遠隔勤務者）が増える中、子育て層の住環境の選択においては、子育て環境や教育環境の重要度が増すだろう。そこで、小規模特認校地域において増える空き家を活用し、転校や転入（期間限定の定住）を受け入れる。また、小規模特認校同士での「新たな結」を形成し、小学生の間であっても、自由に転校して各地域の玄関である学校を巡ることができるようにし、各地域に新たな人々の循環を生み出す。

本提案は、今後一定数を占めるであろう流動性の高い、定住しない人々の転出入を活用し、地域の教育機関を存続させると同時に、人口規模の小さい地域で生まれ育った子供たちに多様な価値観と触れる機会を与え、転入者が魅力ある地域環境を讃えることにより、地域住民に誇りを与える。

註
*2　小規模特認校制度：人口減少、少子高齢化が進んでいる地域において、通学区域外に居住する児童を受け入れることで、小規模校ならではの良さを活かした教育の推進と地域の活性化ををめざす制度

審査講評

地方創生が叫ばれて久しい中、二地域居住などをはじめとして、人が還流しながら都市と地域の関係を形成していくような動きに注目が集まっているが、それらを支える制度などがきちんと整備されている状況ではない。

そんな中で、小規模特認校に注目し、学校を軸として新しい人の循環を創出しようとする提案は魅力的であった。

提案としてまとめるフェーズ（段階）の中では、充分、カタチになっていると思う。あとは、実践を通じたフィードバックを繰り返しながら、案の真価を世に問う段階になっている。その1歩を踏み出してほしい。

また、小規模特認校などの研究を行ない、課題について深堀りしていくことも大事であるが、もう一方で実践を通して、研究成果と実情のバランスを取っていくようなこともより重要になってくると考えている。

（西山 佳孝）

審査員特別賞

⑫ 明石高専

塩屋おすそわけバザール
── リノベーションで醸成するまちづくりの提案

◎寒竹 志勇、内藤 廉哉、宮本 真実、山口 ひより[建築学科3年]
担当教員：本塚 智貴[建築学科]

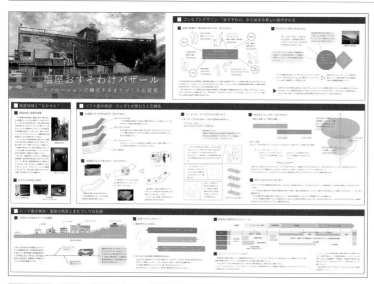

審査講評

「なかせん」に注目した点や、「おすそわけ」というある意味での互酬性、ソーシャル・キャピタル[*1]的な視点を見出したことは評価に値する。一方で、「なかせん」自体のもつ魅力に少し圧倒されていたようにも感じた。何のためにリノベーション（改修）するのか、リアルな空間をつくるにあたって「おすそわけ」を誘発するような構成をどう設計に盛り込めるのかについては、引き続き模索してみてほしい。
なぜならば、リノベーションは手段であり、目的は住まう人たち自身が魅力を感じられる界隈にしていくことだと思うからだ。かつ、そこに住まう人たちが「自分たちごと」でとらえられることが重要となる。
その大きな目的を達成する手段がリノベーションであるべきである。　　（西山 佳孝）

註 ＊1 ソーシャル・キャピタル：本書92ページ註1参照

審査員特別賞

㉒ 近畿大学高専

名張の水路発見 ── 子供の遊び場ふたたび

◎市勢 大地、鈴木 朋哉、近藤 光、屋敷 陸[総合システム工学科都市環境コース建築系5年]
担当教員：田中 和幸[総合システム工学科都市環境コース建築系]

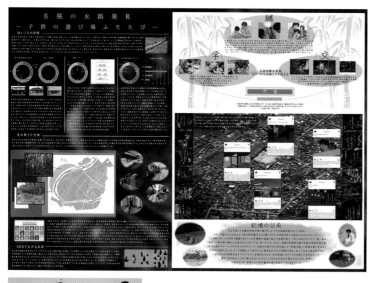

審査講評

三重県名張市の歴史的建造物や水路などに関わるリサーチは、審査員一同、高専の学生の力量に感銘を受けた。属人[*3]的なところでもあるが、名張で生まれ育った提案者が名張のためを懸命に考えていた点も共感できるポイントであった。水路を再発見し、子供たちの遊び場を取り戻していきたいという大きな目的に向かって、竹あかりのイベントを一過性のもので終わらせずに、上述の大きな目的を見失うことなく未来につなげていってほしい。　　（西山 佳孝）

註 ＊3 属人：仕事や計画において、担当者や提案者のみが詳細を把握している状態のこと

㉑ 仙台高専（名取）

架ける和紙、染まるまち

◎今石 美早紀、吉田 あゆみ、森 優香、矢部 あすか［建築デザイン学科5年］
担当教員：相模 誉雄［総合工学科Ⅲ類建築デザインコース］

審査講評

提案の内容はさておき、今回、予選から本選、そして本選での2日間において、最も成長が著しい作品だった。審査員一同、その点はすばらしかったと考えている。

審査員からあれこれ指摘されたことについて、メンバー同士で、がんばって対話して解決方法を検討してくれていたのではないかと想像する。しかし、そんなことに懲りず、どうしたら柳生で和紙が日常の風景になり得るのか、そして、柳生和紙が不自然なカタチではなく自然に継承されていく状況を生み出せるのか、を逃げずに考えてほしい。

（西山 佳孝）

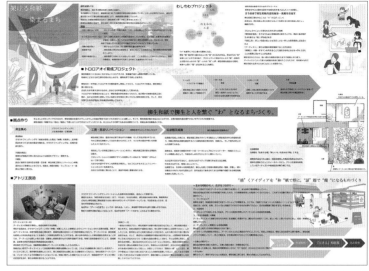

こみゅくる project

◎岡本 玲奈、オドデルゲル・オドワル※※1［創造工学科建築デザインコース建築学分野4年］／垂石 春菜［創造工学科エレクトロニクスコース電気工学分野4年］　担当教員：西澤 岳夫［創造工学科建築デザインコース建築学分野］

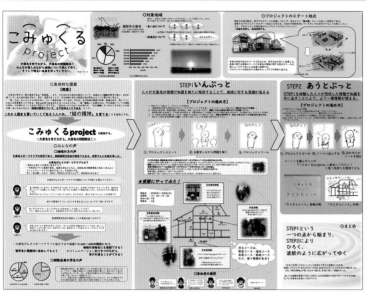

審査講評

北海道の大楽毛に対する愛着やクイズ・ラリーを実践してくれた点は、評価できる。

一方で、「結の精神」を育てることを目的としたプロジェクトとしては、目的に至るステップに大きな飛躍があるように感じている。

クイズ・ラリーがあり、きらきらノートで思いを共有し、その先にどんなステップが待っていて、どうなれば大楽毛において「結の精神」が育まれるようになるのかを具体的に見てみたい。また、「大楽毛駅がこんな場所であったらいいのに」という具体例をぜひ見てみたい。

そんな点をさらにブラッシュアップしてほしい。

（西山 佳孝）

十勝の大平原に抱かれて ── いざ新規就農！　新しい酪農コミュニティ！

◎森田 海咲樹（5年）、森田 夏瑞樹（3年）［創造工学科建築デザインコース建築学分野］
担当教員：西澤 岳夫［創造工学科建築デザインコース建築学分野］

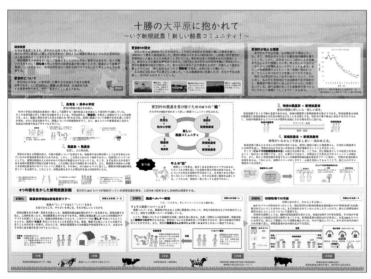

審査講評

北海道の更別の人たちが歴史的に持つ開拓魂への思い、酪農に対する愛を余すところなく感じる提案となっていた。

しかし、開拓魂を過去から未来へと継承していくためには、何が必要なのか、酪農に対する愛をベースとして、新規就農者を適切に受け入れながら、更別における酪農コミュニティをどのように形成していきたいのか、といった点については、大きなビジョンに至るための手段などをはじめ、まだ検討すべきところが多いように感じた。

思いや愛は非常に大切なので、その出発点を忘れず、さらに検討を進めてみてほしい。期待している。

（西山 佳孝）

＊文中の作品名は、サブタイトルを省略。高専名（キャンパス名）『作品名』［作品番号］で表示
＊文中の［　］内の2桁数字は作品番号。

本選審査総評

「結」というテーマが結んだ新たなる縁

西山 佳孝（審査員長）

コロナ禍にこそ問い直される「結」

「図らずも」と言うべきか、「いみじくも」と言えるか、今回の創造デザイン部門における課題テーマは「新しい結のかたち——持続可能な地域創生」だった。

年が明け、ほどなくして、エジプトはカイロやアスワンをめぐる出張に出かけ、帰りがけにオーストリアのウィーンを経由して、オランダのロッテルダムやアムステルダムを経て帰路に着いた。間髪入れず2020年3月には、ソーシャル・アントレプレナー[*1]の交流を目的として、メキシコはグアダラハラ、オアハカ、モンテレイ、メキシコシティへと出かけ、アメリカ合衆国のヒューストンを経由して帰路に着く頃には、新型コロナウイルス（COVID-19）の足音が聞こえ始めていた。

ちょうど、そんな頃に今回の募集要項の公開に向けて、コメントを依頼され、「結」について考えることになったわけである。コロナ禍という文脈において、結果として、とてもいい課題テーマになったのではないかと考えている。と言うのも、人と人との対面での結びつき自体が問い直される状況となり、高専の学生1人1人が「自分ごと」として課題テーマをとらえられるまたとない機会となったという点で、デザコン史上、最も課題に真摯に向き合い、考えることができたのではないかと思うからだ。

本気の提案に向き合うということ

毎度のことではあるが、予選の段階においてはどんな学生たちが提案しているのかをイメージしながら審査し、本選がスタートしてからは、ようやくどんな学生たちなのかが見える中で、提案をさらにブラッシュアップするステージへと進み、慣れない「Zoom」も「逆境こそチャンス」とばかりに、プレゼンテーションしてくれることを頼もしく感じていた。

一方で、当然ながら、高専の学生たちが本気で挑んできてくれたので、そこに優劣を付けていくことは非常に難しい作業だった。審査員同士のディスカッションでも、侃々諤々の議論が展開されていたことはここに記しておきたいと思う。

未来の可能性をひらくのは他の誰でもなく自分

本選が終了してほどなく、入選したとある高専の学生から連絡をもらった。まずもって、そのような連絡をもらえたことをうれしく感じながら、その学生がもつセンスを大事にしてほしいと強く願った。

それは、若かりし頃の自分自身がそうであったからこそ、純粋な感性をもって、しがらみに雁字搦になっているオトナに対して、「それは違うんじゃないですか？」と積極的に問いかけるセンスを失ってほしくないからだ。万が一、そのような問いかけをやり過ごそうというオトナがいたなら、私のところまで言ってきてほしいと思う。

末筆となったが、未来を考えるということについて、覚えていてほしいことがある。未来をひらくのは、高専で教える教員でも、学生の親でもなく、高専の学生1人1人の他でもない自分であることだ。今回のコンペティションに挑んだような勇気をもって、未来に向かって可能性を果敢に切りひらいてくれることを願って止まない。

本選でリアルに会うことは叶わなかったものの、さまざまな提案をしてくれた学生のみなさんとは全国各地の現場で、今度は審査する、されるという関係ではなく、私自身も1人のプレイヤーとして会いたいと妄想している。みなさんに会える日を楽しみに、これからも社会での役割を果たしていきたいと思う。

註 ＊1 ソーシャル・アントレプレナー：社会起業家。環境や貧困などをはじめ、社会的な問題を事業により解決しようとする起業家のこと

踏み出した一歩から、道はひらく

青木 ユカリ（審査員）

秘めた可能性

今回はじめてデザコンの審査に参加したが、予選で応募作品のプレゼンテーションポスター画像を見て、その着想や表現の多様さに驚かされた。「これは何だろう」と作品名から引きつけられるものもあった。学業を通じて身に付けたことや潜在的な力がこの機会に発揮されたのであろう。中には思うように表現しきれなかったのではないか、と感じるものも見受けられたが、どれも高専の学生の持つ可能性を感じられる内容だった。

また、デザコンの歴史を改めて知り、関係者が高専の学生の成長を願って尽力し、こうして継続してきたことを実感した。

今回はコロナ禍の影響から、本選ではオンラインによる学生のプレゼンテーションとなり、提案した学生に直接会って話を聞けなかったことが悔やまれる。

若者のまなざしが何をとらえるのか

各作品で具体的に選定された地域には、にぎわいを失った商店街、古い新興住宅地の空き家、地域と人との関係性の希薄化、地場産業の後継者不足、学校の統廃合など、地域の実状があぶり出されていた。これらは日本各地に散見される実態でもある。

若者のまなざしが何をとらえ、どうあったらいいのか。募集要項の提案条件には、「プロセスデザインは人（当事者）のニーズから出発し、目標とする地域像を実現するためのプロセスを提案するものである」「地域内外の人がどうコミュニケートするか」、その他の課題が提示されている（本書106ページ「開催概要」参照）。

審査結果を振り返ると、本選に臨んだ8作品は、制作のプロセスにおいて多くの出会いや聞き取りを経て、時には仲間とも侃々諤々と試行錯誤を繰り返して、最終のプレゼンテーションポスターに表現された内容に辿り着いたのではないだろうか。

経験を糧に、実社会へ

ある提案に「『本当に実現してみたい』という気持ちで提案した。実際にプロジェクトを行なえた経験は大きな糧となった。自分の中で『結』の精神が育ったように感じる楽しい経験だった」と、まとめの言葉が記されていた。勝手な想像だが、動いて、感じて、考えたことがたくさんあったのだろう。

このデザコンに臨んで経験したことは、大なり小なり参加した高専の学生の内に種として存在し、次のことを成し得る時に芽生え、成長する時のチカラとなるであろう。参加した学生たちが、実社会のつながりの中で、さらに活躍の場を拡げていくことに期待を寄せて、結びとしたい。

身近な問題にも時代の大きな問題にも向き合う

松村 豪太（審査員）

時代の最先端で経験したオンライン審査

新種の疫病が世界を席巻する2020年秋、全国の高専から寄せられた24のアイデアを拝見した。今年の大会メインテーマ「ゆい」を、創造デザイン部門においては「結」の字でとらえ、持続可能な地域創生という副題を添えていたが、予選に応募された各作品から、学生諸君がこの題意に応え、検討した事業内容を伝えようとする思考過程をうかがうことができた。

COVID-19の流行に対応しオンライン開催となったことで、本来であれば他校の学生と交流し刺激を交換するという貴重な機会が得られなかったことは遺憾だったが、インターネット回線によりビデオ会議アプリ「Zoom」を通じたワークショップやプレゼンテーションという経験を、多くのプロフェッショナルと同じ先頭のタイミングで得たことを、学生諸君には今後の探求や現場での実践において糧としていただきたい。

「主体性」「実践」を評価

予選各作品はアプローチの方法や巧みさの程度などで各者各様であったが、釧路高専『こみゅくる project』[06]のように自分たちが実践するんだ、という気概を感じられたり、家業である酪農家を主語とした釧路高専『十勝の大平原に抱かれて』[17]や、相当フィジカルな調査を実施したであろうことがうかがえる近畿大学高専『名張の水路発見』[22]など、「主体性」「実践」を感じられた作品には加点した。そうした要素は、今後、いわゆる「評論家」に留まることなく「プレイヤー」としての視点や経験を育むために重要であり大切にしてほしい。

石川高専『よぼしむすび』[08]は、テーマ選定のセンス、すきのない書き込み、デザイン技術の巧みさなど、単純に作品の質として見れば最もすぐれていたと思う。頭一つ以上抜けていたその強者ぶりは、リアル開催であれば他校の学生により多くの刺激を与えていたのではないだろうか。

一方、明石高専『一円電車でつなぐ』[07]は、予選、本選、さらに本選中にブラッシュアップしての最終プレゼンテーションと、提案内容の改良や進化の度合いに目を見張った。

広く社会と向き合うことも「結」と向き合うこと

少し残念だったのは、コロナ禍という未曽有の状況を踏まえた作品がほとんど見受けられなかったことである。かろうじて石川高専『めぐる地域の玄関』[24]がライフスタイルの変化などとして触れていた程度であろうか。

各作品とも、自分のまわりの地域に視点を向けており、そうした素朴かつていねいなアプローチは決して悪くはない。しかし、この1年はアメリカ合衆国大統領選挙やBLM（Black Lives Matter）*2の問題、コロナ禍における社会活動への考え方の違いなど「分断」を考えさせられる機会も多かったはずである。「結」の反対にある「分断」に真摯に向き合うことは身近な「結」についてのアイディアを深め得るものだったはずであり、今後はそういった社会問題や時事問題についても関心を高めていただきたいと思う。

註
*2 BLM（Black Lives Matter）：2020年5月にアメリカ合衆国で起こった白人警官による黒人男性暴行死をきっかけに世界中に広がった、黒人差別、ひいてはあらゆる人種差別を無くそうという社会運動

そもそもを問う勇気を
みんなで祝いたい

熊井 晃史（ワークショップ・ファシリテータ）

そもそも、コンテストってなに？

コンテストっていうものにつきまとう緊張感。参加する学生のみなさん側のドキドキがあるのはもちろんのこと、審査する側も同じこと。そもそも審査するに値する資格はあるんだろうか、という自問のヒリヒリも含まれる。とは言え、やっぱり学生も審査員も垣根を超えて、一緒により良い文化や未来をつくっていく、そんな目線が少しでも顕在化する時間があるといいじゃない、ということでのオンライン・ワークショップだったわけである。

「結」って本当に必要だと思っていますか？

じゃあ、それはどんな内容だったのか？　それは、改めて前提から物事を考えてみるというもの。創造デザイン部門の課題テーマは「新しい結のかたち」だったけれども、「そもそも、あなたにとって『結』って本当に必要ですか？」という、改めての問い直しを大切にしたいわけである。だって、『結』は、コンテストの課題テーマ。「良きもの」で「必要であるもの」という認識に自ずとなりがち。そんなそもそもの問いを抱えながらこれまで準備をしてきた学生たちももちろんいるだろうし、そうでない学生もいたかもしれない。いずれにしても、こちらもドキドキ。なぜなら、事前に打合せですり合わせをしてきた内容から急遽変更していたから。学生たちのオンライン・ポスターセッションに参加したり、そこでの学生たちの表情を見ていたら、何だかそもそものところから尋ねたりしたくなっちゃったのである。

そもそも問い合うことは楽しい

で、どうだったか。参加した学生たちが地域を超えて、オンラインで、各高専の学生を取り混ぜた混成メンバーのグループになって話し合うわけだが、やっぱりなんか尊いなあと。40歳が近づいてきた私としては、過去の自分を振り返りながらも思っちゃう。まあ、未来っていうのは、自分が「これ良かったなあ」と深く実感しているものを次の世代に形を変えながらでも渡していくことでもあるようにも感じる次第。

で、どうだったか。「『結』が必要なのは、人間が生きている以上当たり前なんだから、その必要性を尋ねるのはどうかと思う！」（グハハ！　強い眼差し！　でも、その「共同の習慣」〈＝結〉が廃れていっている現実をどうとらえる!?）というものから、「正直に言って『結』ってちょっと重いですよね！」（ナハハ！　じゃあ、重くない『結』ってどうやったら成立するんだろうね!?）、「人間って1人では生きていけないですよね、誰かとのつながりの中で生かされていますよね！」（ほんとにそうだね、1人では生きていけないけど、1人になりたがったりして、いろいろとおもしろいよね!?）と、意訳的にレポートすると、こんな感じの私自身、心が踊る良い時間。

実は「あなたにとってデザインとは何ですか？」というテーマでもセッションを行なったし、審査員からのオンライン・ワークショップへのフィードバックにもグッとくるものがあったのだけれど、紙面の都合で、それは（あれば）またの機会に!!!!

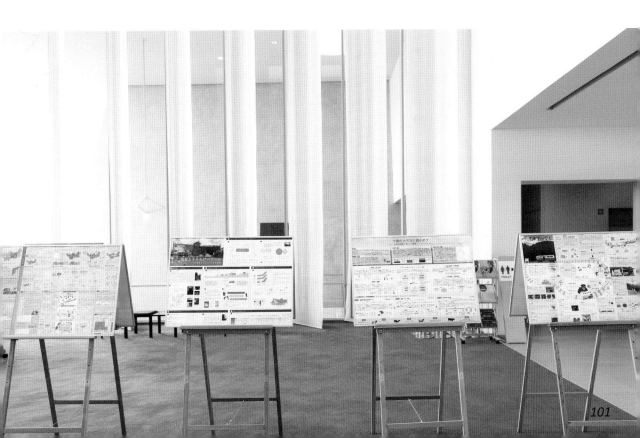

本選審査経過

初のオンライン・ワークショップはどう展開するか

**全過程をオンライン開催：
会場に参加者不在、きめ細かなルール設定**

　本選は、1日めのポスターセッション、ワークショップ、アイディアの発表（まとめ）から、2日めのプレゼンテーションまで、前年の2019年東京大会で試みた内容を引き継ぎつつ、すべての過程をオンライン上で実施した。参加学生（所属高専）、審査員（所在地）、本部（仙台高専〈名取〉）をインターネット回線でつなぎ、ビデオ会議アプリ「Zoom」を利用したオンライン審査である。審査経過は、YouTubeを介してウェブ上にライブ配信した。

　大会会場である名取市文化会館では、本選「プレゼンテーションポスター Ver.2」が展示され、中ホールの大スクリーン上に審査経過の映像がライブ配信された。また、全応募プレゼンテーションポスターの縮小版（A3判サイズ）をクリアフォルダにファイルし、会場内のカウンターに置き、一般の閲覧に供せるようにした。

　1日めの目的は、審査員との質疑応答などを経て本選会期中に提案（プレゼンテーションポスター）をブラッシュアップして、最終審査過程のプレゼンテーションにつなげることにある。一方、本選参加作品数は、当初は対面方式で使用する予定であった会場の都合や、新型コロナウイルス（COVID-19）感染拡大のため2020年9月の決定で変更となったオンラインの審査方式に配慮して、昨年より少なく設定した。予選の狭き門を通過した8作品が最優秀賞をめざして本選に臨んだ。

　本部門では、大会メインテーマ「ゆい」を「結」ととらえた。各作品はコロナ禍で課外活動が制限される中、「新しい結」の力を用いて地元の課題を解決する案を練り上げてきてくれた。

　まず、オリエンテーションにおいて、参加学生たちに次の5点を確認した。

　第1に、スケジュール。

　第2に、諸注意としてオンラインでの審査過程に関して次の8点を伝達した。

①他の作品の発表の時、退席しないで発表を聞くこと。その際は、カメラをオフ、マイクをミュート（無音）にすること。

②自分たちの作品の順番になったら、すぐに始められるようスタンバイすること。

③発表する作品のメンバーは、各々のパソコンやスマートフォン（以下、スマホ）でZoomに参加。発表時は全員のカメラをオン、説明者のみマイクのミュートを解除すること。

④ポスターセッションなどの説明に必要なプレゼンテーションポスターや模型などの資料の表示は、作品ごとにそれぞれのパソコンで操作すること。画面を共有して説明を始める。

⑤説明が終わったら、画面の共有を停止すること。

⑥審査員の質問には真摯に答えること。回答のためポスターや資料を使う場合は、再び画面を共有して説明してかまわない。

⑦登録メンバー以外の学生の協力は認めない。発表に関わるすべての作業は、登録メンバーのみで行なうこと。

⑧ZoomとYouTubeでのライブ配信について、画面上の撮影や録画を禁ずること。

　第3に、ワークショップに関して、グループワークを行なうにあたり、参加学生全員を7つのブレイクアウト・セッション（グループ）に振り分けるため、ワークショップ開始までにZoomで表示する自分の名前の前に各自のグループ番号を追記しておくことを伝達した。

　第4に、各審査過程での発表順を決める抽選として、作品番号（エントリー）順に表計算アプリ「エクセル」で作成したくじを引いてもらった。学生が選択肢から選んだ文字が入力されると順次、運営側であらかじめ決めておいた1～8の数字が順番の欄

に表示された。なお、くじの選択肢として示した「たかだて（高舘）」「めでしま（愛島）」「ゆりあげ（閖上）」「たてこし（館腰）」「しもますだ（下増田）」「ますだ（増田）」は、昭和30年（1955年）の旧・名取市における町村合併前の町村名である。これらに「なとり」と「せんだい」を加えて8つとした（表1参照）。

　第5に、質疑応答。この時、音声での質疑はなかったが、終了後にチャット機能で学生座談会について質問が寄せられたので、1日めの終わりに全員へ開催概要を回答した。

表1　本選——抽選による各審査過程での審査順

初日ポスターセッション 審査順	2日目プレゼンテーション 発表順	抽選 入力選択肢	抽選 順番	作品番号	作品名	高専名（キャンパス名）
1	1	たかだて	1	17	十勝の大平原に抱かれて	釧路高専
2	2	ゆりあげ	2	06	こみゅくる project	釧路高専
3	3	しもますだ	3	07	一円電車でつなぐ	明石高専
4	4	なとり	4	08	よぼしむすび	石川高専
5	5	たてこし	5	22	名張の水路発見	近畿大学高専
6	6	めでしま	6	12	塩屋おすそわけバザール	明石高専
7	7	ますだ	7	24	めぐる地域の玄関	石川高専
8	8	せんだい	8	21	架ける和紙、染まるまち	仙台高専（名取）

表2　本選初日　オンライン・ワークショップのグループ分け

グループ	作品番号	作品名	高専名（キャンパス名）	学生氏名
1	07	一円電車でつなぐ	明石高専	川畑 礼奈
	17	十勝の大平原に抱かれて	釧路高専	◎森田 海咲樹
	21	架ける和紙、染まるまち	仙台高専（名取）	今石 美早紀
	22	名張の水路発見	近畿大学高専	市勢 大地
2	07	一円電車でつなぐ	明石高専	鳴瀧 康佑
	21	架ける和紙、染まるまち	仙台高専（名取）	吉田 あゆみ
	22	名張の水路発見	近畿大学高専	鈴木 朋哉
	24	めぐる地域の玄関	石川高専	◎石田 光之介
3	07	一円電車でつなぐ	明石高専	◎山崎 なずな
	08	よぼしむすび	石川高専	◎杉山 隼斗
	21	架ける和紙、染まるまち	仙台高専（名取）	森 優香
	22	名張の水路発見	近畿大学高専	近藤 光
4	07	一円電車でつなぐ	明石高専	市岡 翼
	12	塩屋おすそわけバザール	明石高専	◎寒竹 志勇
	17	十勝の大平原に抱かれて	釧路高専	森田 夏瑞樹
	24	めぐる地域の玄関	石川高専	大塚 壮太
5	06	こみゅくる project	釧路高専	◎岡本 玲奈
	12	塩屋おすそわけバザール	明石高専	内藤 廉哉
	22	名張の水路発見	近畿大学高専	屋敷 陸
	24	めぐる地域の玄関	石川高専	寺田 優衣
6	12	塩屋おすそわけバザール	明石高専	宮本 真実
	21	架ける和紙、染まるまち	仙台高専（名取）	矢部 あすか
	24	めぐる地域の玄関	石川高専	松村 華子
7	06	こみゅくる project	釧路高専	垂石 春菜
	08	よぼしむすび	石川高専	釣 翔也
	12	塩屋おすそわけバザール	明石高専	山口 ひより

＊表中の作品名はサブタイトルを省略
＊氏名の前にある◎は各作品の学生代表
＊作品番号06のオドデルゲル・オドワルは欠場

＊文中の作品名は、リブタイトルを省略。高専名（キャンパス名）『作品名』［作品番号］で表示
＊文中の［　］内の2桁数字は作品番号。　　＊文中の審査員と学生の発言は動画より抜粋

00 ：数字は作品番号（本書102〜105ページ）

オンライン・ポスターセッション：
接続がうまくいくか緊張の第1過程

　初日13:00、審査員の自己紹介に続き、オンラインでポスターセッションが始まった。作品ごとに所属する学校からネットワークにつながり、画面を共有して4分間で提案を説明。それに対して3人の審査員が5分間で質問や感想を述べた。この時に使用した「プレゼンテーションポスター Ver.2」は、予選時に提出したプレゼンテーションポスターを審査員のブラッシュアップの要望を参考にして修正したものである。審査員とワークショップ・ファシリテータ（以下、ファシリテータ）は、事前に上記のポスターを閲覧しており、すでに変更点を把握していた。学生たちは、ポスターの内容をデジタル・スライドにするなどして、提案の概要や改善点をわかりやすく説明していた。Zoomには、学生が1人1台のパソコンを使って参加したので、画面から各学生の表情も伝わり、審査にかける意気込みが感じられた。
　釧路高専『十勝の大平原に抱かれて』［17］では「予選から本選にかけて加えられた変更点の趣旨は？」（松村）という質問に、「新規就農者と酪農家のコミュニティしかないのはどうか？という指摘を受けたので、高専の学生や一般の人を巻き込んでコミュニティを広げていくようにした」と学生が回答。「酪農の衰退の原因は？」（西山）への答えに窮した学生が「衰退する酪農の現状をとにかく変えたい」と思いを吐露するにとどまる場面もあった。明石高専『一円電車でつなぐ』［07］では、「もっとお金の稼ぎどころが見つかるのではないか？」（松村）に、「明日のプレゼンテーションに向けて、その点をしっかりブラッシュアップしたい」と臆することなく答える学生。「どのように情報を発信しているのか？」（青木）には「一円電車の運行情報などをホームページやブログで発信し、Instagramに電車の写真を掲載している」としっかりと答えていた。明石高専『塩屋おすそわけバザール』［12］では「『おすそわけ』など言葉の使い方にセンスを感じた」（青木）、「地域の人たちがこの提案を『自分ごと』としてとらえるには、おすそわけの精神をどれだけソフト面に反映できるかが重要だ」（西山）などのコメントを、学生は真剣な表情で受け止めていた。

初日のオンライン・ワークショップ：
オンラインならではの工夫満載

　ポスターセッションに続いて14:50から行なわれたワークショップは、ディスカッション・テーマの急遽変更など、予定外の展開もあり、大いに盛り上がりを見せた。
　今回のワークショップは、ファシリテータの主導の下、複数の高専の学生が混在する3人か4人のグループに分かれて、それぞれグループ・ディスカッション（他者の閲覧不可）を行ない、その後に各グループで出た意見を参加者全体でシェアするものであった（表2参照）。グループ・ディスカッションにはZoomの「ブレイクアウト・セッション」機能が用いられた。熊井ファシリテータは、東日本大震災による宮城県内の被災地でもワークショップの経験がある。
　まずは、参加者全員のカメラをオンにしてもらい、「ギャラリービュー」設定で全員の顔を画面いっぱいに映し出した後、ファシリテータが学生たちへディスカッションのテーマを与えた。
　1つめのテーマは、本番で急に変更された「みなさんにとって『結』とは必要か」。各作品は、今年の課題テーマである「結」の精神を肯定的にとらえた上で、作られたにもかかわらず、「結」の必要性を疑問視する意見が出るなど、作品からはうかがい知れない学生たちの本音を聞くことができた（本書100ページ参照）。
　2つめのテーマは、「みなさんにとってデザインとは何か」。これらのディスカッションは審査の結果には直接影響しないものの、参加学生をはじめ関係者にとっても、デザコンの本質をとらえ直すまたとない機会であり、「創造デザイン部門」のあり方にも示唆を与えるものであったと思う。
　最後に、各審査員から学生の発表に対して「どうしたら新しい形で『結』を結び直せるか？　そのデザインを考えられたのではないか」（西山）などの意見があった。

オンライン・アイディアの発表：
発表後の作業が鍵

ワークショップ終了後、各作品はそれぞれ、ポスターセッションでの審査員の質問を踏まえ、提案の練り直しを行なった。そして16:50から、最終のプレゼンテーションへの意気込みも含めて変更点が発表された。1作品の持ち時間は、作品の発表が1分、審査員のコメントが3分の計4分間。17:31の初日終了後、各作品では、プレゼンテーションポスターのさらなるブラッシュアップ作業が進められた。なお、2日めのプレゼンテーションで使用する「プレゼンテーションポスター Ver.3画像データ」は、初日中に提出フォームへアップロードする必要があった。

オンライン・プレゼンテーション：
雌雄を決する場で渾身のアピール

2日めはまず、「プレゼンテーションポスター Ver.3」画像データを提出フォームにアップロードできない作品があったので、他の手段で収集し、全作品の画像データを事前に各審査員へ配信した。多少の混乱はあったが、ほぼ予定通り9:37からプレゼンテーションが始まり、各作品7分間という持ち時間の中で、学生たちは最大限に自作をアピールした。

前日のポスターセッションでは示されなった模型や動画などの映像も登場するなど、学生たちはパソコンのモニタ画面を通して、参加者に各作品の提案の本質を発信。トロフィの色に関わる最後の機会である。どの作品の発表からも熱意が伝わり見ごたえがあった。また、受験で欠場の学生がいた作品[06]では他の学生がその分を補い、提案の魅力が色あせることはなかった。学生の発表に対して、[06]には「未来に託すのではなく、自分たちがハンドルする（進める）んだという意識を強く持って、ぜひ実践を続けてほしい」（松村）、[07]には「域内乗率を上げて、地域内乗数効果を上げることをめざしているのが良い」（西山）、[08]には「案を練り上げたことで充実していたポスターがさらに充実し、感嘆した」（松村）などのコメントがあった。また、[21]では、「多様な企業とつながっていく中で、開発のヒントなどは浮かんだか？」（青木）に学生は「和紙に活版で印刷した名刺を作る印刷会社があって、その名刺がとてもすばらしかった。そういうアイディアを商品に展開したいと思った」とはっきり答えていた。8作品すべてのプレゼンテーションの審査過程が終了したのは11:40であった。

11:50から約30分間行なわれた「オンライン学生座談会」に参加した学生たちは、2日間の本選を振り返りつつ、審査の結果発表を心待ちにしていたことであろう。この座談会は本大会で初のオリジナル企画である。運営スタッフが進行役を務め、参加した26人の学生たちがチャット機能の書き込みでコミュニケーション。「2日間を終えた感想は？」には「ワークショップ楽しかった」の他「眠い」など本音もこぼれ、「自分にとってのデザインを一言で表すなら？」という突っ込んだ質問には「離れられないもの」「人類共通の武器」など名回答の続出で、場を盛り上げてくれた。

表3 ── 本選 ── 得点集計結果

作品番号	作品名	高専名（キャンパス名）	地域性[12点満点]	自立性[12点満点]	創造性[12点満点]	影響力[12点満点]	実現可能性[12点満点]	プレゼン*1[12点満点]	総合評価[72点満点]	受賞
07	一円電車でつなぐ	明石高専	10	11	11	11	11	11	65	最優秀賞（文部科学大臣賞）
08	よぼしむすび	石川高専	11	12	11	11	11	10	65	優秀賞
24	めぐる地域の玄関 ── 小規模特認校から広がる新しい結のかたち	石川高専	9	8	10	9	11	10	58	優秀賞
22	名張の水路発見 ── 子供の遊び場ふたたび	近畿大学高専	8	8	8	8	9	9	50	審査員特別賞
12	塩屋おすそわけバザール ── リノベーションで醸成するまちづくりの提案	明石高専	8	7	9	7	7	7	47	審査員特別賞
06	こみゅくる project	釧路高専	7	6	7	7	8	6	41	
17	十勝の大平原に抱かれて ── いざ新規就農！ 新しい酪農コミュニティ！	釧路高専	7	6	6	7	8	6	40	
21	架ける和紙、染まるまち	仙台高専（名取）	6	6	7	6	7	6	38	名取市長賞

註　＊1　プレゼン：プレゼンテーション
＊各得点欄の点数は、3人の審査員が評価した点数を合算したもの
＊各評価指標と評価点数の詳細は、本書106ページ「開催概要」参照

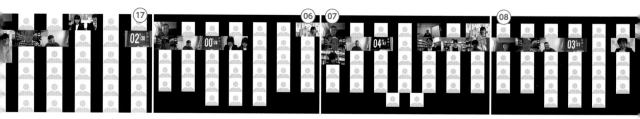

オンライン審査と審査員講評：
最優秀賞選定に難航

　プレゼンテーション終了後、審査員による採点が始まった。採点が終わると、オンライン画面上に、運営スタッフが集計した得点順位一覧表を表示。最高65点を獲得したのは、明石高専『一円電車でつなぐ』[07]と石川高専『よぼしむすび』[08]の2作品であった。続いて、3位が58点の石川高専『めぐる地域の玄関』[24]、4位が50点の近畿大学高専『名張の水路発見』[22]、5位が47点の明石高専『塩屋おすそわけバザール』[12]であった（本書104ページ表3参照）。

　まず、1位から3位までの作品が優秀賞以上に確定した。最優秀賞の選定は難航したが、3人の審査員の合議により明石高専『一円電車でつなぐ』[07]が最優秀賞に、同得点の石川高専『よぼしむすび』[08]と3位の石川高専『めぐる地域の玄関』[24]が優秀賞に決定。次に4位の近畿大学高専『名張の水路発見』[22]と5位の明石高専『塩屋おすそわけバザール』[12]が審査員特別賞に決まった。最後に、開催地名取市から贈られる名取市長賞が、得点は8作品中最も低いものの、予選からの作品のブラッシュアップが最も著しいと評価された仙台高専（名取）『架ける和紙、染まるまち』[21]に決定した。

　13:30から審査結果を発表。各審査員からの講評は本選審査総評（本書99ページ〜）を参照されたい。各受賞作品の指導教員へ15:00から実施するオンライン表彰式のURLを知らせ、本部門における全日程を終了した。

審査の模様を詳しく見られる
オンラインの良さ

　初のオンライン方式での開催となり、参加者には不便をかけたが、その一方で誰もが同じ条件で各審査過程の模様を詳しく見ることができたという利点もあった。空間的距離のある対面方式では実現することができない、オンライン方式ならではの近さがあったと思う。

　各作品とも、学生たちはオンライン用ツールを駆使してわかりやすいプレゼンテーションを心がけてくれた。各学校や審査員との通信の不具合などによるスケジュールの遅延も予想していたが、実際には大きなトラブルも起こらず、参加学生の指導にあたった教員や学校関係者、居住地からオンライン審査に対応してくれた審査員、ファシリテータの協力のおかげで、ほぼ予定通りに進めることができた。事前に行なった2度のZoom接続テストも効果的であったと思う。

　ワークショップの時間をファシリテータの提案で短縮し、その分をアイディアの練り直しに充てたことも、最後のプレゼンテーションの完成度の高さにつながったように感じる。

　それにしても、学生たちは夜遅くまでブラッシュアップ作業を行なっていた。また、応募作品数が減っている。今後、さらに多くの学生が応募しやすくなるよう、タスクや競技の進め方を工夫することが望まれる。関係者でぜひとも検討したい。

（相模 誓雄　仙台高専〈名取〉）

＊文中の審査員と学生の発言は動画より抜粋

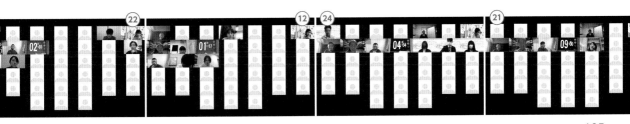

創造デザイン

開催概要

創造デザイン部門概要

【課題テーマ】
新しい結のかたち —— 持続可能な地域創生

【課題概要】
日本人は「結の精神」によって地域資源を創造維持し、地域の問題を解決してきた。また、講*1といった集団や、もやい*2といった共同体もあった。しかし、昨今の少子高齢化、地方の過疎化、災害をきっかけに、共同体の習慣は消失もしくは変形を余儀なくされ、既存の公の空間やコミュニティの維持が困難になっている地域がある。

今、従来のやり方にとらわれず、明確な目的を持って行動する、新しいコミュニティの担い手が求められている。また、近年、増える空き家による都市環境の悪化が懸念されている。空き家などの社会的ストック（蓄積）の利活用においても、さまざまな人々が知恵を出し合える場が必要である。そのためには、自治体とも連携した「新しい結のかたち」を創造しなければならないだろう。なお、開催地である宮城県名取市は、東日本大震災後、被災などによって市民の暮らしに変化が見られる中、歴史文化基本構想を策定し、地域の文化を見直し、新たな地域創生へつなげようとしている。

「新しい結」による持続可能な地域創生につながる「こと」や「もの」の提案を求める。具体的な地域を想定し、その中で今必要とされる新しいサービスを考えてほしい。既存の制度や慣習にとらわれない提案を期待する。

【審査員】
西山 佳孝（審査員長）、青木 ユカリ、松村 豪太
ワークショップ・ファシリテータ：熊井 晃史

【応募条件】
①高等専門学校に在籍する学生
②2〜4人のチームによるもの。1人1作品。複数の高専の連合は可
③空間デザイン部門、AMデザイン部門への応募不可。ただし、予選未通過の場合には、構造デザイン部門への応募は可

【応募数】24作品（83人、9高専）

【応募期間】
プレゼンテーションポスターの画像データ提出期限：
2020年8月31日（月）〜10月2日（金）

【提案条件】
①持続可能な社会や地域創成につながる「創造性*3のあるサービス（こと）」の「プロセスデザイン（どのようなストーリーで地域の人々を支援するか）」を提案すること。「創造性のある製品（もの）」を提案する場合には、その「製品（もの）」がどのような仕掛けで地域振興に関与していくのかという「プロセスデザイン（ストーリー）」も併せて提案すること。本部門では特に「こと」興しを重視していることから、「こと」興しの仕掛けのみに特化する「プロセスデザイン」も含まれる。「もの」のみの提案は不可
②地域（人、企業、自治体、NPO、住民組織など）が抱えている課題を解決するための「こと」を興すプロセスを提案すること。地域課題をとらえるには「現場の情報に当たる」ことが必要。その方法として、まず仮説を立て、その仮説を検証するフィールドワーク（観察）、インタビュー調査、データの分析*4などが考えられる。しかし、必ず当事者（問題を抱えている人）の声を直接聞き、そして共感（empathy）して問題の本質を探り当てることが大切
③プロセスデザインは、人（当事者）のニーズから出発し、目標とする地域像を実現するためのプロセスである。プロセスの中には、地域資源と既存技術、実現可能と思われる技術や知識をどう融合させるか、地域内外の人々がどうコミュニケート（意思疎通）するか、などを含む。本課題ではこうしたプロセスに高専がいかに関わるか、その役割を示すこと

本選審査

【日時】2020年12月5日（土）〜6日（日）

【会場】
審査：運営本部は仙台高専名取キャンパス、本選参加作品の学生は所属学校、審査員とワークショップ・ファシリテータは職場や居住地などにて参加。全参加者をインターネット回線でつなぎ、ビデオ会議アプリ「Zoom」を利用して実施。審査経過の動画をインターネットによりYouTubeでライブ配信

パブリックビューイング：名取市文化会館　中ホール。ライブ映像を放映

展示：名取市文化会館　中ホールホワイエ。本選参加作品のプレゼンテーションポスターVer.2（A1判サイズ）、全予選応募作品のプレゼンテーションポスター（A3判サイズ）

【本選提出物】
①他の本選参加7作品へのコメント：クラウド・サービスにて提出（2020年10月26日〈金〉〜30日〈金〉）
②プレゼンテーションポスターVer.2画像データ：クラウド・サービスにて提出（2020年11月16日〈月〉〜20日〈金〉）
③同Ver.3画像データ：クラウド・サービスにて提出（初日審査終了後〜12月5日〈土〉23:59）

【展示スペース】
プレゼンテーションポスターVer.2：2作品で両面イーゼル（A1判サイズ）1台を使用

【審査過程】
審査方式：全過程オンライン方式で実施
参加数：8作品（26人、5高専）
日時：2020年12月5日（土）
①審査員自己紹介、ポスターセッション　13:00〜14:39
②ワークショップ　14:50〜16:07
③アイディアの発表（まとめ）　16:50〜17:31
日時：2020年12月6日（日）
①プレゼンテーション　9:37〜11:40
②審査　11:50〜12:50
③オンライン学生座談会　11:50〜12:20（参加：本選参加学生26人
　　進行：宮﨑 義久、鈴木 知真〈仙台高専名取〉）
④審査結果発表、審査員講評　13:30〜14:04

【審査基準】
下記の6つの評価指標で審査する
①地域性（地域の実情等を踏まえた施策であること）
　客観的なデータにより各地域の事情や将来性を十分に踏まえた持続可能な提案であること
②自立性（自立を支援する施策であること）
　地域、企業、個人の自立に資するものであること。「ひと」「しごと」の移転や創造を含み、特に外部人材の活用も含め「ひと」づくりにつながる提案であること
③創造性（多様な人々により熟考されていること）
　「創造性」*3を意識した提案であること。創生事業は、1つの分野だけで解決できるものではない。そこに関係するさまざまな人々を巻き込んで生まれた創造性のある提案であること
④影響力（課題解決に対する影響力）
　課題の解決に対してパワフルで影響力のある提案であること。一過性でない、深く強いアイディアであること
⑤実現可能性（10年後までの実現可能性が1%でも見出せればよい）
　万人が納得できる論理的根拠に基づく提案であること
⑥プレゼンテーション
　ワークショップを実施した上で、ポスターセッションでの説明と質疑応答を総合的に評価

【評価点数】（各評価指標を4段階で評価）
4点：特にすぐれている／3点：すぐれている／2点：普通／1点：劣っている
各作品72点満点＝（4点満点×6指標）×審査員3人
　　　　　　　　＝24点満点×審査員3人
総合評価（72点満点）をもとに、審査員による協議の上、各賞を決定

註　＊1　講：宗教的な結びつきや相互扶助を目的とした集団の総称
　　＊2　もやい：一定の金額を共同体の構成員から集め、それを抽選などで構成員に定期的に分配する相互扶助システムのこと
　　＊3　創造性：多様な人々によるさまざまな視点からアイディアを何度も再構築することにより生まれる
　　＊4　データの分析：RESAS〈リーサス／Regional Economy Society Analyzing System＝地域経済分析システム〈https://resas.go.jp/〉などがある

創造デザイン

歴史の中にも多くの友人を持ってほしい

西山 佳孝 （審査員長）

今年、創造デザイン部門の課題テーマである「新しい結のかたち」を模索してもらうにあたって、募集要項のコメントでは、「未来を考えるためには歴史の蓄積から学び、対話するために歴史上の人物とも友人になってほしい」ということを書いた（下段参照）。

予選審査に際して、開催校である仙台高専（名取）の会場に向かう道中、秋が深まりつつある東北を感じながら、今回はどんな提案や学生たちに出会えるのか、とても楽しみにしていた。

会場入りして、3時間ほどの時間を費やして、24のすべての提案をていねいに読み込んだ。

それは、他の審査員や開催校の運営スタッフが同じ空間を共有しながら、ピンと張りつめた空気が存在し、一定の緊張感をもたらしてくれる雰囲気の中であった。

概ね応募作品の半分ぐらいを読み込んだあたりから、いろいろな側面での歴史を踏まえた「新しい結のかたち」を提案する秀逸な作品が多数見受けられたため、1つ1つの提案との表象での対話の時間に心地よい疲労感を感じていた。

いくつか重要な要素がある中で、審査にあたって今回、特に重視したポイントは、潜在的な可能性を持っているかどうか、という点である。

提案に記載されている問題や課題を解決していく手法が稚拙であったとしても、デザインという観点から表現に工夫が見られなかったとしても、潜在的な可能性を持っているのかとともに、作り手の学生たちが問題や課題と本質的に向き合おうとしている姿勢を提案から読み取ろうとしていた。

まだ見ぬ学生たちのことをイメージしながら、審査員の誰もが悪戦苦闘し、長時間にわたり真剣にディスカッションを行なった。

24の提案から当初想定していた7作品を選ぶのはとても難しく、審査員一同、熟慮の結果、最終的には8作品を選出するに至った。

末筆となるが、本選へ進めなかった提案も、予選通過作品との差は僅差であったということを忘れずに、今後も果敢にチャレンジしてほしいと思う。

新しい結のかたちとは

西山 佳孝 （審査員長）

考えてみると、人類が誕生して以来、人と人とが協働して何かを実現しようという目的を持った時、そこに何某かの交わりのカタチを求めてきたように思う。

もし、そんなことを結と呼ぶとするならば、人類の歴史の蓄積とともに、結の歴史も存在していると仮定できる。

歴史からは一度、学ぶ必要があるのではないだろうか。

なぜならば、歴史は未来の創造への大いなる源泉だからである。

作家、司馬遼太郎氏がいうように、歴史の中にも多くの友人を持ってほしいものだ。

今回の提案にあたっては、歴史を知った上で、どうするのかは過去に躊躇することなく、チャレンジング（挑戦的）に考えてみてほしい。

まだ見ぬみなさんの提案に期待している。

予選審査経過

今年は24作品の応募があった。新型コロナウイルス（COVID-19）感染拡大の影響により、エントリー締切を1カ月ほど延長したが、2019年の39作品より15作品の減となった。しかし、作品数は少ないものの、レベルの高い作品が出揃った。

予選審査は、新型コロナウイルス感染防止のため、オンラインで行なう予定であったが、審査員を含めて検討した結果、例年通り対面形式での審査となり、前日の2020年10月9日（金）に仙台高専（名取）内の予選審査会場の設営を行なった。3列に配置したテーブルにA1判サイズでプリントしたプレゼンテーションポスター（以下、ポスター）を受付（作品番号）順に並べ、審査員の閲覧に供するようにした。ポスターには作品番号を記したタグを付けただけで、学校名は伏せた。プロジェクタが使用できるミーティングコーナーに音声記録用のマイクやパソコンを完備し、審査員による協議と記録の場を整えた。

10月10日（土）の予選審査会当日、10:00からポスターの閲覧による審査と採点が始まった。各審査員は、各評価指標について慎重に審査した上で採点し、その結果を仙台高専（名取）の運営スタッフが集計した。評価指標は、昨年同様、地域性、自立性、創造性、影響力、実現可能性の5つで、それぞれ4点満点である。各審査員の持ち点は20点、最高点は60点となる（本書110ページ「開催概要〈予選〉」参照）。

13:00から集計結果をもとに、審査員による予選通過作品の選考が行なわれ、まず、総合得点50点以上を獲得した［08］［07］［24］の3作品の予選通過が決まった（表4参照）。これらに続いて、［12］が4位となる44点、［22］が5位の43点、［06］［11］［17］［21］がそれぞれ6位となる39点を獲得していた。

ここまでが上位9作品である。10位の作品の得点は34点であり、6位の4作品と得点の開きがあるので、選考の対象は4位から6位までの6作品に絞られた。

ここで審議の上、40点台を獲得した［12］と［22］の2作品の予選通過が決定。最後に、6位の4作品について、ポスターを精査しながら、審査員による協議が行なわれた。その結果、本選までのブラッシュアップによる改善の可能性が高いものといった提案のポテンシャル（潜在力）を勘案し、［06］［17］［21］の3作品に本選出場権を与え、結果として8作品によって本選を行なうことを決定した。

続いて各審査員から、本選出場が決定した8作品について、提案の改善すべき点や、ポテンシャル（潜在能力）をさらに伸ばすためのコメントが述べられた。各審査員のコメントを審査員長が取りまとめ、その音声データをテキスト化。最後に「本選に向けたブラッシュアップの要望」（本書112～113ページ参照）としてテキスト化された内容を全審査員が確認し、閉会した。

また、予選を通過した学生たちには、他の予選通過作品に対してコメントをしてもらった。インターネット上のクラウドを通じて寄せられたコメントは、提案内容をブラッシュアップする上での参考として、「本選に向けたブラッシュアップの要望」とともに、予選通過作品を制作した学生たちの代表者へ送られた。

新型コロナウイルス感染防止に配慮しながらの予選審査であったが、審査員やスタッフが一堂に会して行なう審査会には緊張感があった。来年はさらに多くの学生たちにチャレンジしてほしい。また、残念ながら予選敗退となった作品の再挑戦を期待したい。

（相模 誓雄　仙台高専〈名取〉）

表4　予選 —— 得点集計結果

作品番号	作品名	高専名（キャンパス名）	西山 [4点満点×5項目] 地域性	自立性	創造性	影響力	実現可能性	青木 [4点満点×5項目] 地域性	自立性	創造性	影響力	実現可能性	松村 [4点満点×5項目] 地域性	自立性	創造性	影響力	実現可能性	合計 地域性12点満点	自立性12点満点	創造性12点満点	影響力12点満点	実現可能性12点満点	総合評価60点満点	順位
08	よぼしむすび	石川高専	4	4	4	4	4	4	2	4	4	3	4	4	3	3	3	12	10	11	11	10	54	1
07	一円電車でつなぐ	明石高専	3	3	3	3	3	4	4	4	4	3	3	3	3	3	4	10	10	10	10	10	50	2
24	めぐる地域の玄関	石川高専	4	4	4	4	4	4	4	3	4	3	3	2	3	2	3	11	10	10	10	10	50	2
12	塩屋おすそわけバザール	明石高専	3	3	3	3	3	3	2	3	3	3	3	3	4	3	2	9	8	10	9	8	44	4
22	名張の水路発見	近畿大学高専	2	2	2	2	4	4	4	2	2	2	4	2	4	4	3	10	8	8	8	9	43	5
06	こみゅくる project	釧路高専	2	2	2	2	2	3	2	2	3	4	3	3	3	3	3	8	7	7	8	9	39	6
11	森から街へ、街から森へ。	明石高専	3	3	3	3	2	3	2	4	2	5	2	2	2	2	1	8	7	9	7	8	39	6
17	十勝の大平原に抱かれて	釧路高専	3	3	3	3	2	3	3	4	4	3	2	1	2	1	2	8	7	9	8	7	39	6
21	架ける和紙、染まるまち	仙台高専（名取）	3	3	3	3	2	3	2	2	3	3	2	2	3	3	2	8	7	8	9	7	39	6
03	鶴甲ネット	明石高専																					34	10
02	カイテキ×ト×カイキン	大阪府立大学高専（寝屋川）	1	1	1	1	1											8	6	6	8	6	33	
13	七日町「笑」店街	仙台高専（名取）						2	2	2	3	3								6	6		32	
10	広瀬川　四季祭り	仙台高専（名取）	2	2	2	2	2	2	2	2	2	2						6	6	6	6	6	30	
05	結馬	釧路高専	1	1	1	1	1											6	5	5	6	5	27	
19	#拡散希望 呉市新観光スポット	呉高専	1	1	1	1	1	1	1	1	1	1						6	5	5	6	5	27	
20	日常に変化	明石高専																		4	4		24	
18	学就都市	仙台高専（名取）	1	1	1	1	1																23	
01	大阪府公式地方開発アプリ!!　あめちゃん	大阪府立大学高専（寝屋川）						2	2	2	2	2											22	
14	船で結ぶ	仙台高専（名取）	1	1	1	1	1																22	
16	無農薬栽培をビジネスへ	鈴鹿高専	1	1	1	1	1																22	
04	水引く宿屋	米子高専	1	1	1	1	1														5		21	
09	竪穴住居復元プロジェクト復元プロジェクト	明石高専																4				5	21	
23	diverSite	大阪府立大学高専（寝屋川）	1	1	1	1	1														4	4	20	
15	昔ながらの生活体験	米子高専	1	1	1	1	1	1	1	1	1	1	1	1	1	1	1						19	

8作品

＊表中の ■ は予選通過　＊表中の作品名はサブタイトルを省略　＊各評価指標の詳細は、本書110ページ「開催概要（予選）」参照

創造デザイン

開催概要（予選）

予選審査準備

2020年8月23日（日）：仙台高専（名取）第一会議室において審査員会議を開催し、予選審査を対面形式で行なうことが決定
10月2日（金）：エントリー締切
10月3日（土）：全応募全24作品のプレゼンテーションポスターの画像データをA1判サイズ用紙にプリントするとともに、審査員へ配信
審査員へ採点記入表（2019年同様）を送り、応募作品（配信データ）の事前閲覧を依頼

予選審査

【日時】2020年10月10日（土）10:00～16:40
【会場】
仙台高等専門学校名取キャンパス　総合科学教育棟2階大教室
【事務担当】
加藤 武信、菅野 みなみ、相模 誓雄、櫻井 祥平、鈴木 知真、谷垣 美保、藤田 友哉、宮崎 義久、山田 洋（仙台高専〈名取〉）
【予選提出物】
プレゼンテーションポスターの画像データ：クラウド・サービスにて提出（2020年8月31日〈月〉～10月2日〈金〉）
【予選通過数】
8作品（27人、5高専）
【予選審査基準】
下記の5つの評価指標で審査する
①地域性（地域の実情等を踏まえた施策）
　客観的なデータにより各地域の事情や将来性を十分に踏まえた持続可能な提案であること
②自立性（自立を支援する施策）
　地域、企業、個人の自立に資するもの。「ひと」「しごと」の移転、創造を含み、特に外部人材の活用も含め「ひと」づくりにつながる提案であること
③創造性（多様な人々により熟考されていること）
　「創造性」を意識した提案であること。創造性は、多様な人々によるさまざまな視点からアイディアを何度も再構築することにより生まれると言われる。創生事業は1つの分野だけで解決できるものではない。関係するさまざまな人々を巻き込んで生まれた創造性のあるアイディアを提案していること
④影響力（課題解決に対する影響力）
　応募する原動力となった課題に対して、提案したアイディアがいかにパワフルで影響力がありそうかを評価。一過性のものではなく、深く、強いアイディアを期待
⑤実現可能性（10年後までの実現可能性が1%でも見出せればよい）
　万人が納得できる論理的根拠に基づく提案であること
【評価点数】（各指標を4段階評価）
4点：特にすぐれている
3点：すぐれている
2点：普通
1点：劣っている
各作品60点満点＝（4点満点×5指標）×審査員3人
　　　　　　　　　＝20点満点×審査員3人

予選通過作品講評

本選に向けたブラッシュアップの要望

西山 佳孝（審査員長）、青木 ユカリ、松村 豪太

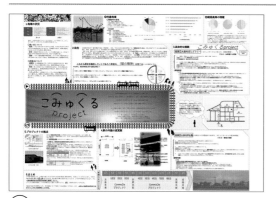

06 釧路高専

こみゅくる project

北海道の大楽毛に着目した点や、高専の学生が「自分ごと」として進めていこうとするところが読み取れて、とても良かった。
一方で提案のタイトルである「こみゅくる project」からは、この提案自体が何をめざしているのか、どういうことをしていきたいのかが非常に読み取りづらかった。加えて大楽毛を何とかしていくための手段としてラリーがいいのか、塾がいいのか、駅の内装を変更することがいいのか、まだまだアイディアを工夫していく余地がたくさんあるように思う。
その読み取りにくさはプレゼンテーションポスターの見せ方（表現方法やプレゼンテーション方法など）を工夫することにより改善されるのではないかなとも思った。

07 明石高専

一円電車でつなぐ

「一円電車」という切り口に注目したことは、とても良いアイディアだと思う。かつ、今、実際に残っている場所に、失われた場所の記憶を呼び覚ますきっかけになるパネルを設置していく活動はとても評価できるポイントだ。
それ以外では、祭の具体的な要素や、祭の開催にまつわる経済的な部分において、どのようにして持続可能な展開にしていくのかがよくわからなかった。だから、地域の人たちの声も聞きながらその部分をブラッシュアップしてほしい。

08 石川高専

よぼしむすび

プロジェクトのアイディアは、すばらしい。このまま実現に向けて動き出すとどうなるのかに期待したい。
そのためには提案にも書いてあるように、「地域おこし協力隊」や地域の団体と話をしながら、どんなことができるのかについて、12月の本選での提案までに実践した内容をこのプレゼンテーションポスターの中に可能な範囲で入れてくれることを期待したい。

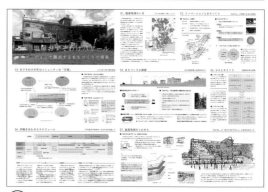

12 明石高専

塩屋おすそわけバザール
── リノベーションで醸成するまちづくりの提案

「おすそわけ」という点に着目した部分や神戸市の塩屋地域の人たちに対するインタビューやヒアリングをベースに考えたとても良い提案になっている。一方で、このリノベーション（改修）の実現に向け、中長期的に塩屋地域の人たちが「自分ごと」としてとらえられる場所にできるよう、2つの視点を考えてほしい。1点めは、おすそわけバザールの中で行なわれることは何か、どんなバザールになるのか。どんなバザールにしていくことで塩屋地域の人たちが集まり、自分たちの街を考えるきっかけになるかをもっと考えてほしいということ。従来、2階以上が住居だったということなので、住むことと商いとをもっと融合させる方向などに提案を広げる余地があると感じた。2点めは、「05.カネとやりくり」の説明が、大ざっぱすぎるということだ。

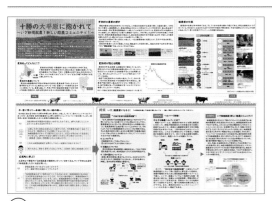

⑰ 釧路高専

十勝の大平原に抱かれて
―― いざ新規就農！　新しい酪農コミュニティ！

酪農への愛が十二分に感じられ、全審査員が共感できた。北海道への入植の歴史、酪農の背景やその現状についてもよくわかった。

しかし、新規就農者を増やし、新しい酪農コミュニティを構築していく手段としては、提案されているステップ1からステップ3までのステップを上っていくことで達成されると思えなかった。

将来の酪農家として十勝に来てもらいたい人たちがどんな人たちなのか、酪農家の楽しさは具体的にどんなことなのか（来てもらいたい人が魅力を感じられるか、という視点をもってほしい）を今一度考え直してもらいたい。来てもらいたい将来の酪農家像や楽しさを正確に伝えることで、新規就農者や酪農コミュニティは自然に構築されていくと思う。そこをもう一度考えてほしい。

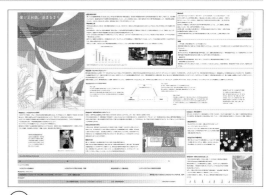

㉑ 仙台高専（名取）

架ける和紙、染まるまち

和紙に着目した点、トロロアオイ（和紙の材料）を実際に育成しているところや村上さんの話には共感した。提案の内容を単純化すると、たくさん和紙が使われる状況をつくれるかどうかが大事、と読み取れた。しかし、和紙がたくさん使われる状況をつくるための手段が、プロジェクトとして書かれている、トロロアオイの育成以外の2番、3番、4番のプロジェクトだとは思えなかった。

村上さんの話の中にある、菓子店の梱包材、卒業証書として使われている点に着目し、それ以外の使われ方でもいいので、行政に頼ることなく和紙が使われる状況をどのように増やしていけるのかを、高専の学生独自の視点で考えてほしいと思う。本選までにブラッシュアップされた提案を期待している。

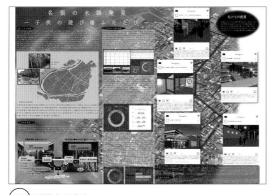

㉒ 近畿大学高専

名張の水路発見 ―― 子供の遊び場ふたたび

幼い頃の記憶から発想して考えたことと、竹林の荒廃に着眼している点が良かった。しかし、人の風景や人とのつながりという点が見えにくかったために、提案の良さが伝わりにくいように思う。

そのため、ここではInstagram（写真や動画の投稿を主としたSNS〈Social Networking Service〉の1つ）風に提案されている竹の桟橋、水のカーテン、家から眺める水路、水辺広場について、規模感は小さくてもいいので、それぞれを地域の人たちと一緒に活用している風景や、協力して活動しようとするところなど、人との関わりの中で見えてくる表現にできるともっといい提案になるのではないかと思った。

加えてプレゼンテーションポスターの見せ方（表現方法やプレゼンテーション方法など）についてももう少し工夫の余地があると感じた。

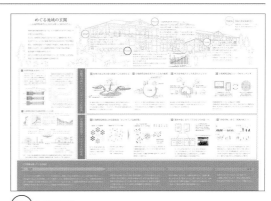

㉔ 石川高専

めぐる地域の玄関
―― 小規模特認校から広がる新しい結のかたち

「めぐる地域の玄関」というテーマに着目したことを非常に評価した。なぜならば、コロナ禍という状況の中で、特定の場所に住み暮らし、仕事をするということは必ずしも必要なことでなくなったからだ。地域を巡りながら暮らすという、「これまでの当たり前」ではない状況が見えてきた。

今、社会ではいろいろな制度が現状に追いついていないのではないかと思う。そういう意味で、今回の提案には期待している。

ただし、小規模特認校というキーワードが、今回の提案にあたって必須のキーワードなのかどうなのか、については今一度考えてほしい。この提案が小規模特認校でなければ成り立たないのか、そうでなくても成り立つのか、そのあたりについて再考してほしい。

創造デザイン

大阪府公式地方開発アプリ!! あめちゃん

01
大阪府立大学高専（寝屋川）

◎原田 匠、
菊井 弥壱郎、
坂井 優心、
内田 龍之介 [総合工学システム学科都市環境コース4年]

カイテキ×ト×カイキン
—— perfect attendance and comfortable commute

02
大阪府立大学高専（寝屋川）

◎石川 尚樹、
前薗 祐輝、
河村 和希、
桺原 怜央 [総合工学システム学科都市環境コース4年]

鶴甲ネット

03
明石高専

◎宗政 伊織、
植田 拓夢、
中村 正典、
平田 大貴 [建築学科4年]

水引く宿屋

04
米子高専

◎松本 大輝、
川邉 悠人、
室之園 景大 [建築学科5年]

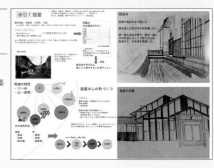

結馬 —— 「人と人」「人と馬」「人と歴史」を結ぶ

05
釧路高専

◎菅野 雅貴、
西川 享将、
及川 翔馬 [創造工学科建築デザインコース建築学分野4年]

竪穴住居復元プロジェクト復元プロジェクト

09
明石高専

◎廣瀬 文哉(5年)、
小林 樹、下下 亘(4年) [建築学科]

広瀬川 四季祭り

10
仙台高専（名取）

◎清原 風音、
田代 みゆ、
大隅 綾佳 [建築デザイン学科5年]

森から街へ、街から森へ。—— 緑がつなぐ過去と未来

11
明石高専

◎藤本 卓也、
榎本 逸希、
佐藤 心哉、
藤間 朋久 [建築学科4年]

七日町「笑」店街

13
仙台高専（名取）

◎遠藤 翼、
大内 駿［建築デザイン学科5年］／
影山 優亜（4年）、
國原 美空（3年）
［総合工学科Ⅲ類建築デザインコース］

船で結ぶ

14
仙台高専（名取）

◎渡邉 京花、
清水 夏鈴、
佐竹 萌香［建築デザイン学科5年］

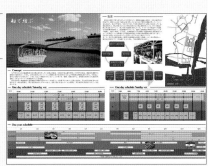

昔ながらの生活体験

15
米子高専

◎加藤 有真、
眞山 尚輝、
大和田 麗有、
野口 天翔［建築学科5年］

無農薬栽培をビジネスへ

16
鈴鹿高専

◎荒島 未琴、川合 涼水［生物応用化学科2年］／鳥羽 真綾［材料工学科2年］

学就都市 ── マッチング×イベント×就職で学都の再構築を

18
仙台高専（名取）

◎殿岡 フィアン、
木幡 大暉、
渡邉 天翔（4年）、
木村 星満（3年）
［総合工学科Ⅲ類建築デザインコース］

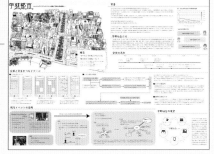

#拡散希望 呉市新観光スポット

19
呉高専

◎年盛 文也、
奥田 崇嗣［建築学科5年］／
日野 萌咲［電気情報工学科5年］

日常に変化

20
明石高専

◎近藤 祐衣、
谷口 七海（5年）、
大谷 ちとせ、
木多 芹香（3年）
［建築学科］

diverSite ── Sin-Osaka Station×Conference Space

23
大阪府立大学高専（寝屋川）

◎岡本 悠利、
中山 翔遙、
溝端 実結［総合工学システム学科都市環境コース5年］

創造デザイン

審査員長

西山 佳孝
にしやま　よしたか

起業アドバイザー、
株式会社タウンキッチン　取締役

1981年　京都府京都市生まれ
2000年　東京都立田園調布高等学校卒業
2001年　個人事業主　開業
2013年-　タウンキッチン　参画
2014年　東シナ海の小さな島ブランド　参画
2019年-　Encounter Japan（メキシコ）参画

◆主な活動
経済産業省の専門家をはじめとして、特許庁の知的財産総合支援事業専門家、東京都中小企業振興公社の創業専門相談員、鹿児島県の観光アドバイザー、鹿児島県庁で共生協働の地域社会づくり会議の座長、東京都東村山市役所で空き家対策推進協議会の委員など、全国の自治体で専門家として各種活動に携わる

◆主なプロジェクト
医療的ケアの必要な子供と家族の小児在宅地域連携ハブ拠点の立上げ（沖縄、2016年-）、公民館の立上げ（エジプト、2018年-）、日墨ソーシャル・アントレプレナー交流事業（メキシコ、2019年-）、公民館のしあさってプロジェクト（2020年-）など

審査員

青木 ユカリ
あおき　ゆかり

市民活動・NPOアドバイザー
特定非営利活動法人せんだい・みやぎNPOセンター　常務理事・事務局長

1967年　宮城県仙台市生まれ
1988年　支倉学園創表現専門学校est卒業
　　　　藤崎へ就職
1996年　市民活動支援システム研究会仙台委員会　調査協力
1998-2008年　せんだい・みやぎNPOセンタースタッフ
2002-05年　仙台市市民活動サポートセンターセンター長
2008-10年　岩手・宮城内陸地震の被災地において現地団体の後方支援活動に参画
2011-16年　東日本大震災復興支援のプロジェクト（避難所のアセスメント調査、NPOの基盤強化と人材育成プログラムなど多数）へ参画
2016年7月-　せんだい・みやぎNPOセンター　常務理事・事務局長

◆主な活動
1996年の市民活動支援システム研究会の調査をきっかけに、1998年から10年間、せんだい・みやぎNPOセンターのスタッフとして市民活動の立上げ、運営相談、研修事業の企画実施などに従事。その後、岩手・宮城内陸地震の支援活動、東日本大震災後は、被災地の復興支援に関わる検証プログラムのヒアリング協力や復興まちづくり支援員の後方支援活動などへ参画

審査員

松村 豪太
まつむら　ごうた

プロデューサー、
コミュニティ・デザイナー
一般社団法人 ISHINOMAKI 2.0　代表理事

1974年　宮城県石巻市生まれ
1999年　東北大学法学部法律学科卒業
2002年　東北大学大学院法学研究科公法学専攻（憲法）博士課程前期修了
2009-11年　石巻スポーツ振興サポートセンター　クラブマネジャー
2011年　ISHINOMAKI 2.0　設立
2013-14年　宮城県における復興祈念公園基本構想検討調査有識者委員会　委員
2014-15年　宮城県総合計画審議会　委員
2015-19年　いしのまき人財地域創生会議　会長
2015年-　総務省　地域力創造アドバイザー
　　　　　Reborn-Art Festival実行委員会　事務局長

◆主な活動
東日本大震災で自身も被災するが、被災地からクリエイティブな地方都市のモデルを作るべくISHINOMAKI 2.0を発足。復興に留まらないまちづくりのアイディアを次々と実行に移し、街の内外のさまざまな立場の人々をつなぎながら石巻のバージョンアップをめざす。コミュニティFMのパーソナリティ、とりあえずやってみよう大学学長、地方型総合芸術祭Reborn-Art Festival事務局長など多彩な横顔を持つ。近年は関係人口の創出、ローカル・ベンチャーの推進に力を入れる

◆主な受賞
2012年度グッドデザイン賞復興デザイン賞（2012年）、第4回地域再生大賞特別賞受賞（2013年）、平成27年度ふるさとづくり大賞総務大臣賞（2015年）、KAIKA Awards 2017特別賞（2017年）、令和元年度新しい東北復興・創生顕彰（2019年）など

◆主な著書
『いしのまき浜日和──浜の暮らしと旅の本』（編著、2013年、ISHINOMAKI 2.0）など

ワークショップ・ファシリテータ

熊井 晃史
くまい　あきふみ

渋谷PARCO　9階「GAKU」　事務局長
ギャラリー「とをが」　共同主宰
NPO法人東京学芸大学こども未来研究所　教育支援フェロー

1982年	東京都武蔵野市生まれ
2004-17年	NPO法人CANVAS　プロデューサー、クリエイティブ・ディレクター
2017年6月-	独立

◆主な活動
子供たち向けに創造性を育むワークショップの普及を美術館や博物館、大学といった公共施設を主な舞台に展開。ギャラリー「とをが」の共同主宰、渋谷PARCO「GAKU」の事務局長を務める他、「子ども」「街」「遊び」などをキーワードとしたワークショップやプロジェクトのコンセプト・デザインからディレクションまで幅広く手がける

AM（Additive Manufacturing）
デザイン部門

課題テーマ
唯へのこだわり

　AM（3Dプリンタ）の造形技術を活用した、世の中に1つしかない生活サポートアイテムの開発を求める。趣味、娯楽、ファッションなどの創造的、文化的な活動を含む幅広い分野を対象に、年齢、人種、性別、ハンディキャップなどを問わず、あらゆる人が充実した生活を送るためのアイディアを募集する。

　3Dプリンタで作る意味を考え、その特性を活かし、事業化まで検討すること。アイテムの新しさに加え、AM技術のさらなる進歩へのヒントを示し、高額な製造コストに見合う付加価値の高いアイディアを期待する。

予選（オンライン方式） **15** 作品 → 本選 → **7** 作品 *1 → 受賞 → **1** 作品

2020.08.31-10.02
予選応募
2020.10.15
予選審査

2020.11.25
「作品」（3Dプリンタを活用した造形物）と
ポスター審査
2020.12.05
プレゼンテーション（オンライン方式）
2020.12.06
ディスカッション（オンライン方式）
審査員講評（オンライン方式）

優秀賞
12 函館高専「MG」

* 1　7作品：弓削商船高専『ノー・ペイン・ノ・ノーズ・パッド』［01］は予選を通過したが、
本選は辞退により欠場となった。［　　］内の2桁数字は作品番号

⑫ 函館高専

優秀賞
MG

腕時計

◎千田 望美、大清水 空、本谷 澪佳 [生産システム工学科機械コース4年] ／柴田 紘希 [生産システム工学科電気・電子コース4年]　担当教員：山田 誠 [生産システム工学科]

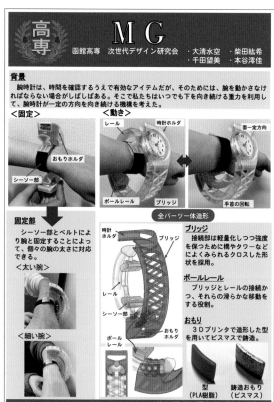

背景

　腕時計は、時間を確認するうえで有効なアイテムだが、そのためには、腕を動かさなければならない場合がしばしばある。そこで私たちはいつでも下を向き続ける重力を利用して、腕時計が一定の方向を向き続ける機構を考えた。

＜固定＞　＜動き＞

レール　時計ホルダ　面一定方向

おもりホルダ　時計ホルダ

シーソー部　ボールレール　ブリッジ　手首の回転

固定部

　シーソー部とベルトにより腕と固定することによって、個々の腕の太さに対応できる。

＜太い腕＞

＜細い腕＞

全パーツ一体造形

時計ホルダ　ブリッジ

ブリッジ　レール

シーソー部　おもりホルダ

ボールレール

ブリッジ
接続部は軽量化しつつ強度を保つために橋やタワーなどによくみられるクロスした形状を採用。

ボールレール
ブリッジとレールの接続かつ、それらの滑らかな移動をする役割。

おもり
3Dプリンタで造形した型を用いてビスマスで鋳造。

型（PLA樹脂）　鋳造おもり（ビスマス）

National Institute of Technology, Hakodate College

審査講評

腕時計の姿勢をコントロールしようという意欲作で、繊細なトラス[*1]状の造形を試すことや、ラピッド・プロトタイピング[*2]のために3Dプリンタを活用している。最終的に提案する機構が稼働するところまで努力して案を発展させ、何とか着地させたところは評価できる。エネルギーをかけて案に集中することは、ものづくりの基本的な姿勢であり、それが伝わってきた。

実際に製品として社会に送り出すためには、さらに工夫とアイディアを更新し、今の案が跡形もないくらいに別のものに変化する必要がある。今回の結果に満足せず、ものづくりの基本的な姿勢を続けてほしい。

（今井 公太郎）

註
＊1　トラス：三角形の組合せで構成する構造形式
＊2　ラピッド・プロトタイピング：製品開発過程で使われる試作手法。素早く試作品を作ること

00 ：数字は作品番号（本書119〜122ページ）

＊本書120〜122ページの氏名の前にある◎印は学生代表
＊最優秀賞（経済産業大臣賞）、優秀賞1作品、審査員特別賞2作品は該当なし
＊弓削商船高専「ノー・ペイン・ノ・ノーズ・パッド」[01]は予選を通過したが、本選は辞退により欠場となった。[　]内の2桁数字は作品番号
＊＊1：本選欠場

本選作品 02 苫小牧高専

マスクモラン —— マスク用曇り止めノーズパッド

メガネ曇り止め用具

◎舩木 優大、三上 隼人［電子・生産システム工学専攻専攻科2年］／亀井 佐以蔵、葛西 音於［創造工学科機械系5年］
担当教員：高澤 幸治［創造工学科機械系］

│ 審査講評

3Dプリンタの特長を活かす1つの方向性がカスタマイズ（個別対応の仕様変更）で、3Dスキャナとセットで用いると個人個人の身体にフィットする部材を造形できる。作品のアイディアはこうした方法が前提になっている。さらに発展させると鼻とマスクの関係を調整する以外にも、メガネとマスクの関係やメガネの耳にかける部分への発展、ポーラス（多孔質体）で微細な構造を導入して質感や肌触りを変えてみるなど、通常の造形方法ではできない付加価値を生み出せる可能性に満ちていた。しかし残念ながら、案が変容し、別の何かに進化するところまでは発展できなかった。　　　　　（今井 公太郎）

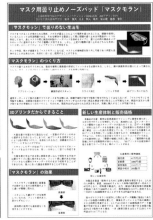

本選作品 04 群馬高専

Anniversary candle

キャンドル型

◎八木原 蓮［機械工学科3年］
担当教員：黒瀬 雅詞［機械工学科］

│ 審査講評

思い出をキャンドルにするというのは、すてきな発想である。災害時でなくとも需要はあるのではないだろうか。ビジネスモデルとしても結婚式の思い出の品にするなどのアイディアが考えられていて、印象は悪くなかったのだが、肝心の「思い出を形にする」という点がブラッシュアップされておらず残念であった。「思い出を形にする」というテーマはデザイン課題としても挑戦しがいのあるものだと思うので、もっとクリエイティブな発想での提案を見てみたいと思った。　　　　　　　　（谷口 靖太郎）

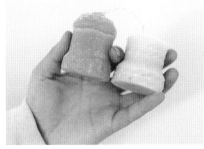

本選作品 06 福井高専

補強にもおしゃれにも役立つネイルチップ

ネイルチップ

◎山本 善貴、西島 晴玲［生産システム工学専攻専攻科1年］／定兼 拓永、廣谷 悠真［環境システム工学専攻専攻科1年］
担当教員：佐藤 匡、斉藤 徹［専攻科］

│ 審査講評

予選審査の段階では、ネイルアートを描くベースとなるネイルチップを、個人によって異なる爪の形で造形できれば、ネイルサロンでの施術時間が大幅に短縮できるなど、大きな可能性を感じた。AM技術を活用する用途としても適切さが感じられて好印象だったのだが、本選に提出されたモックアップ（3Dプリンタで製作した「作品」）には説得力がなかった。ネイルに関するリサーチをさらに本格的に行なって、このネイルチップがどのように使われるものなのかを、もっと魅力的に語ることができると良かったのではないだろうか。
　　　　　　　　（谷口 靖太郎）

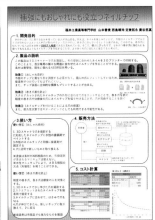

本選作品

⑪ 弓削商船高専

接触代行 アギト

非接触式操作用具

◎藤原 優伍、西村 賢仁、西迫 秀磨、神石 環大 [電子機械工学科5年]
担当教員：福田 英次 [電子機械工学科]

審査講評

コロナ禍で人や物との非接触を実現するための商品がいろいろ販売されるようになっているが、新しいアイディアの商品を消費者に広く使ってもらうまでには高いハードルがある。このアイテムが広く普及するのは、「アイテムを手放せなくなるほど環境が切迫する」「より使いやすく便利になる」の2つのパラメータ（変数）がバランスした（釣り合った）時だと思う。実際に使われる状況をもっと深く考えて、非接触の利点に加えて、より使いやすく、暮らしがさらに便利になるようなアイディアがほしい。

その点で、提案した試作品はボルトを回す工具モンキレンチからの発想であったがゆえに、素早い動作を実現できなかったように思う。また、日常的に携帯している物と一体にできると普及しやすいのではないか。

（小宮 一晃）

本選作品

⑮ 神戸市立高専

びーえるえーぽっど
PLAPOD

植木鉢

◎那須 隼人、平山 道久、福井 啓人**¹、藤井 大輝**¹ [機械工学科4年]
担当教員：宮本 猛 [機械工学科]

**¹：本選欠場

審査講評

鉢の給水用に穴を開けているが、残念ながら、試作品（3Dプリンタで製作した「作品」）は単に便利な植木鉢に留まっていたように思う。

たとえば、穴を微細にして鉢内の保湿性を高める工夫をするなど、従来の植木鉢にはなかった、新しい発想の提案をしてほしかった。また、観葉植物の種類によっても必要な水の量や肥料の種類が異なるので、たとえば蘭なら蘭専用の鉢など、品種に個別対応した鉢を提案すると良いのではないか。近年ではファッション・ブランドが鉢を作るなど、ファッション・アイテム化の流れもあるので、デザイン面でそういった方向での提案があると良かった。　　（小宮 一晃）

⑪

⑫

⑫

⑮

本選

*文中の作品名は、サブタイトルを省略。高専名（キャンパス名）『作品名』［作品番号］で表示
*文中の［　］内の2桁数字は作品番号

本選審査総評

3Dプリンタでしかできない唯一の物 ―― 唯へのこだわり

今井 公太郎（審査員長）

3Dプリンタで製造する意味

今回のデザコンは「ゆい」が大会全体のメインテーマということで、AMデザイン部門のお題（課題テーマ）は「1つしかない（唯）生活サポートアイテムの開発」であった。

AM（Additive Manufacturing＝付加製造）技術を用いた3Dプリンタは確かに1つしかない物を作ろうとした時には有用なツールだが、反対に同じ物を複数作るのであれば、型を用いた射出成形[*1]や工場で大量に作る他の方法によったほうが安価に品質の高い物を作れる。あえて製造コストの高い3Dプリンタで製造しなければならない物は、実は簡単には思い付かないのであり、AMデザイン部門では、常にこの難しい課題について考える必要がある。

3Dプリンタで製造する上で重要な方向性の1つは、高付加価値の製品を作ることである。なぜなら、1つしかないことが価値に結び付くような希少な物であれば、値段が高くても買ってもらえるからだ。提案の1つめのハードルとして、そうした対象の絞り込みがうまくいったとすると、次のハードルは技術的な課題の解決や、デザイン自体のクオリティになる。解決すべき技術的な課題が難しければ難しいほど、案は魅力的になるのだ。

他の方向性としては、ユーザに応じて仕様が変更できるカスタマイズ性を高めることや、3Dプリンタでしか作れない構造の造形を追求することなどがある。

2つのハードルを越えられたか

優秀賞の函館高専『MG』［12］は、時計という付加価値を上げても全く問題のない対象を選び、最初のハードルをうまく越えて、2番めのハードルを越えることにエネルギーを注いだ。それが審査員に伝わったので評価されたのである。残念ながら最優秀賞のレベルに至ることはできなかったが、重力機構そのものにもっと疑って、案を大化けできれば、その可能性もあったかもしれない。群馬高専『Anniversary candle』［04］や福井高専『補強にもおしゃれにも役立つネイルチップ』［06］は、最初のハードルをうまく越えられるポテンシャル（潜在力）があると予選時に審査員は評価していたのだが、それが「本選に向けたブラッシュアップの要望」（本書133ページ～参照）から学生たちに十分に伝わらなかったようで、今回はそこが残念であった。

学生たちの成長に少しでも貢献できればという思いで審査したが、2年間のAMデザイン部門の審査を通じて、学生たちがアイディアを進化させていく時間を共有できたのは大変貴重な体験であった。参加した学生たちに感謝すると同時に、参加したみなさんの今後の活躍と、AMデザイン部門の発展を期待している。

註
*1　射出成形：材料を加熱溶融させ、圧力を加えて金型に入れ、成形する方法

AMデザイン

AM技術の必然性、製品の魅力と説得力

谷口 靖太郎（審査員）

AM作品を評価する2つの軸

予選審査を通過した各作品には、「本選に向けたブラッシュアップの要望」（本書133ページ～参照）など、審査員からのフィードバックを通じてアイディアを洗練してくることを期待していたのだが、全体的に予選からの進歩がほとんど見られず、今一歩という印象であった。その結果として、今回は最優秀賞の該当作品はなしということになった。

AMデザイン部門の作品評価で重要な要素は、2つの軸に整理することができる。1つはAM技術を使って製造されることが妥当だと考えられるプロダクト（製品）になっているか、もう1つはプロダクトのコンセプトに十分な魅力と説得力があるかという点になる。今回の応募作品の中には、この双方の軸での評価を十分に満たしているものはなく、そのために最優秀賞が出なかったと言えるだろう。

AM技術を使うことが妥当だと考えられる作品は特に少なかったと思う。この妥当性を説明するために、AMデザイン部門の作品は事業やサービスモデルも含めたコンセプト設計をしなければならないのであるが、この点を理解しながら事業とプロダクト双方のアイディアを並行して考えるというのは、参加した学生たちのみならず、担当教員にとっても難易度の高すぎる課題設定かもしれない。また、課題設定の複雑さがもたらす副作用として、応募アイディアのスケールが萎縮してしまっている可能性も危惧している。

コロナ禍でも、自由な視点をくれる新鮮さ

応募作品全般と審査経過に対する評としては、それなりに辛口な感じになってしまったが、はじめてデザコンの審査員を務めた経験は、私にとって貴重なものとなった。応募作品のアイディアを眺めることは、私にも自由な視点をもたらしてくれる新鮮さにあふれていたし、参加した全国各地の学生たちにとっても、2020年のコロナ禍という状況の中で、全審査過程を完遂できたことは大きな自信になったのではないだろうか。

参加した学生たちが、今回の経験を糧にして、さらなる成長を遂げることを願いつつ、デザコン自体も次年に向けて大きく進化することを期待している。

註
＊1　射出成形：本書123ページ註1参照
＊2　サプライ・チェーン：商品の製造から配送、販売、消費までの一連の流れ

高価でも欲しくなるストーリーと工夫

小宮 一晃（審査員）

コロナ禍は新たなビジネスチャンスも生む

今回のデザコンは、新型コロナウイルス（COVID-19）感染拡大のまっただ中での開催となった。

コロナ禍によって、私たちはこれまでの社会構造や生活様式を大きく変革する必要に迫られている。ウイルスを予防するさまざまなアイテムやツールが求められ、サプライ・チェーン＊2も大混乱に陥ったが、それは逆に大きなビジネスチャンスでもある。このような中、今回、感染症の予防や対策を主眼に置き、社会に漂っている閉塞感を打ち破るような課題解決型の提案を多数応募してくれたことは、非常に心強く感じた。

その反面、コロナ禍の影響により、作品のブラッシュアップ作業にも制約が生じたはずである。少なくとも、本選のプレゼンテーションとディスカッションはオンライン方式で、対面で行なえなかった。課題テーマに沿ったコンセプトの発案、ビジネスモデルの精緻化、作品の設計や造形といったプロセスにも少なからず影響があったはずで、それらが今回の応募のハードルを上げたように感じている。

製作コストに見合う高付加価値の製品を

今回は、残念ながら「最優秀賞なし」という結果に終わった。全体としては、実用化をめざしたビジネスモデルの精緻化や、試作品のブラッシュアップの過程に課題があったと思う。アイディアがまだ途上の段階であったり、すでに製品化されている物に似ていたり、という作品が多かった印象を受けた。その中で、良いアイディアをきちんと形にしてきた作品が本選に進出し、入選に至ったと考えている。

積層造形（AM＝付加製造＝3Dプリンタ）は製作コストが非常に高い。たとえば、射出成形＊1で作ったプラモデルは千円台で買えるが、積層造形でオーダーメイドすると数万円以上もする。それほど高価格な物でも、「それだけの金額を払ってでも欲しい！」と思わせるような、製品に高付加価値をもたらす工夫、ストーリー付けが必要である。参加した高専の学生たちが、このことを意識し、斬新な発想で提案を進化させ、次回再チャレンジすることを期待している。また、2021年に卒業を迎える学生には、今回の経験を貴重な財産とし、新しい世界で活躍することを期待している。

審査員の立場としても、ほぼすべての過程をリモート（遠隔）で審査したことは新鮮な体験であり、大変勉強になった。今後、コロナと共存し、働き方改革も進んでいく中で、今回の経験が特殊なものではなく、これが当たり前の世界になるんだということを、自戒を込めて胸に刻み込みたいと思う。

✱文中の作品名は、サブタイトルを省略。高専名（キャンパス名）『作品名』[作品番号]で表示
✱文中の[　]内の2桁数字は作品番号

00 ：数字は作品番号（本書125〜129ページ）

本選審査経過

コロナ禍に挑戦し続ける

作品とポスター審査：
予選からの改良度合い、構造とアイディアを評価

今年はCOVID-19によるコロナ禍での大会開催ということで、2020年9月、AMデザイン部門では例年のような会場設営や会場に参加学生が来場しての審査などは行なわないことを決定した。そのため、本選に先立つ11月25日（水）、東京にあるTakramのオフィスに審査員3人が集まり、「作品」（3Dプリンタを活用した造形物）とポスター審査を実施した。本選参加学生たちから「作品」を事前にTakramに送付してもらい、審査員が「作品」を直接手に取って見られる形での審査となった。

審査は10:00から開始。各作品の「作品」とA1判サイズ（縦向き）に出力したポスターを用意した。審査では「作品」の出来上がりはもちろん、使い勝手やアイテムとしてのデザイン性も評価された。加えて、予選審査後に各作品に配布した「本選に向けたブラッシュアップの要望」（本書133ページ〜参照）に基づき作品を改良し、より価値の高い物になっているか、新規性や独創性に富んだ作品へと進化させているか、が審査基準（本書130ページ「開催概要」参照）に則り細かく審査された。

AMデザイン

会場設営、オリエンテーション：
コロナ禍でのリモート開催

今年の本選の最終審査過程は、全関係者をインターネット回線でつなぎ、運営本部は仙台高専（名取）、参加学生は各々の学校からオンラインで大会に参加し、審査員たちは各職場からオンラインで審査する、ビデオ会議アプリ「Zoom」を使ったリモート（遠隔）審査方式での開催となった。そのため、各参加校、審査員の各職場の通信機器が運営本部と問題なくオンライン接続できるように準備することが重要だった。2回に及ぶZoomの接続テストを経る過程で、定期試験期間と大会準備が重なったり、緊急事態宣言時の補講授業があったり、と参加学生が大変な苦労をしてデザコンにエントリーしている状況がわかった。そんな中、ビデオ会議アプリに不慣れな参加学生たちが接続に手間取る場面もあったが、モニタに表示されるプレゼンテーション文字の色を気にする作品など、これまで準備してきた成果を最大限アピールできるように細部まで準備を怠らない工夫も見られ、頼もしかった。一方、予選通過を果たしたものの、全国緊急事態宣言の発令や学校の指導方針によって登校自粛となり、学校での作品製作が思うように進まず、泣く泣く本選を辞退する作品［01］もあった。いろいろな場面で思い通りにはいかず、学生たちが少なからず悔しい思いを耐えて参加した大会になったと感じている。

デザコンの大会本部会場となった名取市文化会館のAMデザイン部門会場では、本選審査の様子をウェブ上にライブ配信すると同時に、会場に設置した大型モニタで放映。ライブ・ビューイング（イベント会場から中継するライブ映像の観覧）の要領で、会場一般来場者（共催の名取市の市民など）が観覧、応援できる形とした。また、本選作品の各展示ブースには、本選に提出されたA1判サイズのポスターを貼り、ポスター手前にテーブルを配置して3Dプリンタで製作した「作品」を展示した。そして、場内に予選に応募した全15作品のエントリーシートを展示し、本選に進めなかった作品のコンセプトも一般来場者が見られるように配慮した。

初日の11:00からオリエンテーションを開始。事前の接続テストの甲斐もあり、本選作品の学生たちは滞りなく運営本部に接続することができた。最初に、今井審査員長、谷口審査員、小宮審査員から順に挨拶があり、続いて、各審査過程に関する諸注意と審査項目や配点などを説明し、最後にくじ引きで各過程での発表順を決め、オリエンテーションを終了した。

表1　本選 —— 抽選による各審査過程での審査順

初日 プレゼンテーション		2日め ディスカッション		作品番号	作品名	高専名
順番	時間	順番	時間			
1	13:15〜13:35	6	11:10〜11:20	15	PLAPOD	神戸市立高専
2	13:40〜14:00	5	10:55〜11:05	11	接触代行 アギト	弓削商船高専
3	14:05〜14:25	4	10:30〜10:40	04	Anniversary candle	群馬高専
4	14:30〜14:50	3	10:15〜10:25	02	マスクモラン	苫小牧高専
5	15:00〜15:20	2	10:00〜10:10	12	MG	函館高専
6	15:25〜15:45	1	9:45〜9:55	06	補強にもおしゃれにも役立つネイルチップ	福井高専

＊表中の作品名はサブタイトルを省略

プレゼンテーション（口頭発表）：
製品としての具体的な価値を問う

　全5部門共通で開催された、オンライン方式による開会式の後、13:00から各本選作品のプレゼンテーション（口頭発表）を開始した。昨年同様、各作品の説明発表を7分間、質疑応答を13分間にし、1作品20分間で実施した。くじ引きで決まった発表順（本書126ページ表1参照）に、まず予選から共通の4つの審査基準「新規性・独創性」「実用性」「事業性」「活用性」を中心に、作品ごとに提案説明があった。続く質疑応答では審査員と学生との間で活発なやり取りが展開した。

　神戸市立高専『PLAPOD』[15]では「実際に使ってみて、考案した構造による効果はどのように出ているか。上部から水をやる代わりに側面から水を得ると、何が良くなるのか」（今井）に対して、学生は「側面から水をやることで土全体に水をあげることができる」と回答したものの、「植物に上部から水遣りする場合は上から下へと全体に水が行き渡るけれど、側面から水遣りする場合は余分な水分をはける機構が必要では？」（今井）と指摘され、「そこまで考えていなかった」と学生が回答に困る場面もあった。弓削商船高専『接触代行 アギト』[11]では「パイプレンチを模してねじ機構を採用しているが、3Dプリンタでは精度が甘かったり、挟むまでの時間が長くなるなど、困ることがあるのではないか」（小宮、今井）に対して、「ラチェット機構*1などの採用も考えたが、現時点では製品としてでき上がっていない」と回答。「実際に使ってみて、不具合や使い勝手の悪さを確かめると良い」（今井、谷口）とアドバイスがあった。群馬高専『Anniversary candle』[04]では「『思い出の形』というコンセプトは素敵だ。しかし、実際の作品は魅力的ではない。どんな形態が『思い出の形』にふさわしいと考えているのか？」（谷口）という厳しい質問に、「3Dスキャナの精度が低かったため、作品のクオリティが下がってしまった」と力なく回答。「実際に販売できる質まで至っていない」（小宮）、「リアルな形だから価値が高くなるという考え方は間違っている。他に素敵な思い出を残す方法があると思う」（谷口）と指摘された。

　苫小牧高専『マスクモラン』[02]では「ノーズパッドという既製品が存在する。何か既製品を超える形状や付加価値があるのか？」（今井、谷口、小宮）に、「この製品を取り付けることで、呼吸しても顔にマスクが張り付かない。化粧をする女性には便利だと思う」と学生が回答。しかし「ノーズパッドにこだわると、逆に3Dプリンタを使わなければならない意味付けが薄くなるのではないか」（今井、谷口、小宮）と検証を求める場面があった。函館高専『MG』[12]には「構造が複雑だったが、よく製品として作り上げた。付加価値を高くできる時計という製品に目を付けた点が良い」（今井）と好評価。「3Dプリンタを使ってカスタマイズする部分はあるのか？」（谷口、今井）には、「自分が選んだ文字盤に形状を合わせて、現状のテープではなく、個々の使用者の腕に合わせてフィット感を増した製品にできる」と学生が明確に回答。「機能が飛び抜けた製品を作るより、デザインをもっと磨くと良くなるのではないか」（谷口、小宮）と応援するアドバイスがあった。

　福井高専『補強にもおしゃれにも役立つネイルチップ』[06]では「期待が大きかっただけに、実物が爪とは程遠いので残念。実際に付けたり、市場を調査してみたのか」（今井、谷口、小宮）という厳しい質問に、「調査不足でした」と答えに窮す学生。「実際に試すことで、改善点などが見えてきて、より良い物を作ることができる」（今井、小宮）と作業の進め方を助言した。

註
*1　ラチェット機構：歯車などの回転を一方向に限定し、反対側には回らないように制御する機構

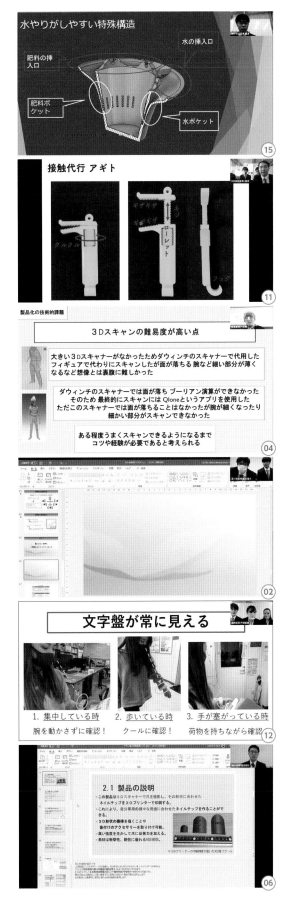

ディスカッション:
審査員の助言から新しい発見へ

　本選2日めは9:45からディスカッションを実施した。初日のプレゼンテーション(口頭発表)とは逆の順番(本書126ページ表1参照)で、作品ごとに学生たちと審査員3人によるディスカッションを通して審査が進んだ。例年実施していた、参加学生が自作以外で最も評価する作品に投票する「学生相互投票」は中止した。

　前日とは違って、まず、これまで学生たちが気づかなかった各作品の新規性や事業性を審査員3人が引き出し、指摘によって自作の良い点を発見した学生たちが、前日のプレゼンテーションで不足していた説明を加えることを通して審査した。作品改善に向けた審査員3人による広い視野からの膨大なアドバイスによって、各製品価値は、作者自身も気づかなかった点にまで広がりを見せ、活発な議論を呼んだ。

　福井高専『補強にもおしゃれにも役立つネイルチップ』[06]では、「実現の可能性がとても高いアイディア。アートとして多様な表現方法があることに気づけば、もっとおもしろくなったかもしれない」(今井、谷口)に、「爪の小さい友人が、ネイルチップを使えず困っていたことが、この製品のコンセプトづくりの始まりだった」と学生。「指や手が美しく見える製品として、もっと美容に特化したら良かったのではないか」(谷口、小宮、今井)とアドバイスがあった。函館高専『MG』[12]では「機構が複雑だが、自分たちだけで設計したのか」(谷口)に、「自分たちだけで考えました」と自信をもって回答する学生。前日と比べて、審査員からの質問により具体的に答えていた。そして、「製品として販売するには、もう少しコンパクトにして、手首部のテープの改善が必要。また、使用者個々の趣向に合わせたデザインが求められる」(今井、谷口、小宮)とアドバイスしていた。苫小牧高専『マスクモラン』[02]では「すでに同様の既製品がある中で、既製品を改良する形ではなく全く異なる製品としてデザインを考えれば良かったかもしれない」(今井、小宮)には、「教員たちが『授業の時にマスクすることでメガネが曇って困る』と言いながら市販品を使わないので、自分たちでその問題を解決したいと思った」と学生が回答。「形態や意匠の検討だけでなく、いろいろな面でのデザインに挑戦してほしかった」(谷口)と要望が出た。

　群馬高専『Anniversary candle』[04]では「芯の配置を工夫することで、さまざまな燃え方をするキャンドルをデザインできたのでは?」(今井)と指摘。「星形など、形態デザインは考えたが、燃え方の工夫まで考えが至らなかった」と回答する学生に、「アイディアの組立て方、過程に工夫が必要」(小宮、谷口)とアドバイスした。弓削商船高専『接触代行 アギト』[11]では「人間の手の代わりになるものを作る、というのは難易度の高いアイディア。しかし、人間的なやわらかさがない。機構が単純過ぎたのではないか」(今井)に、「コロナ禍の影響はある

ものの、身近にそれほど強い切迫感がなく、実際に使う場面に遭遇しなかった」と学生は実験不足を露呈。「生活の中に自然に溶け込むような製品を求めるなら、これではデザインのバリエーションが乏しいのではないか」(谷口)とも指摘された。神戸市立高専『PLAPOD』[15]では「着想は良かった。が、構造的な穴形状を作るのではなく、もっと解像度を高くして、たとえば『材質をスポンジ状にして、保湿性を持たせる』といった新しいアイディアがほしかった」(今井)という指摘に、「そこまでの考えに至らなかった」とうなだれる学生。余剰分の水の使い方の説明に対しては、「そういう発想ではなく、もっと自然に水を供給できるような保水性を持った構造を考えてほしかった」(今井)、「植物の種類ごとに育ちやすい形での製造を考えてもよかった」(小宮)と厳しい意見があった。

審査員講評:
受賞は優秀賞1作品のみという厳しい裁定

　昼食時間後に審査結果発表と審査員講評を行なった。
　はじめに、本選の審査基準である「①新規性・独創性・活用性」「②実用性・事業性」「③プレゼンテーション力」それぞれの評価点数と総合点数の一覧表が画面に映し出された。続く受賞作品の発表では、函館高専『MG』[12]が優秀賞を獲得。しかし、最優秀賞(経済産業大臣賞)1作品、優秀賞1作品、審査員特別賞2作品は該当なし、という残念な結果となった(表2参照)。

　続いて、審査員から審査結果について総評と各作品への講評があった。今回、受賞が1作品に留まったことについて、「全体的に作品のレベルが期待したほどではなく、発展性が感じられなかった。コロナ禍の影響もあるだろうが、それだけではないと思う。ただし、困難な状況であることは確かで、そのような中で受賞作なしというのも厳しく、それが優秀賞1作品のみという結果になった」(今井)、「全体的に予選からの進歩があまり見られなかったのが残念だった。また、作品の製作にAM技術を使う妥当性がほとんど感じられなかった」(谷口)、「学生が実際に集まることが難しく、相談しながら作品の完成度を高めることができなかったのでは」(小宮)と厳しい指摘が相次いだ。一方、「本選に出場した6作品は、応募15作品の中から選ばれたという点で胸を張ってもいい」(小宮)との励ましもあった(本書123ページ〜「本選審査総評」参照)。

　優秀賞の函館高専『MG』[12]については、「最後まで、きちんと動く物を作ろうという姿勢の見えた点が評価につながった。もちろん、他にも動く作品はあるが、かけたエネルギーを考慮すると、函館高専『MG』[12]が一番になる」(今井)、2位の福井高専『補強にもおしゃれにも役立つネイルチップ』[06]については、「『新規性・独創性』の評価は高いので、実用性の部分をもっと高めていれば、入賞したかもしれない」(今井)と一定の評価があった。

(野呂 秀太　仙台高専〈名取〉)

表2　本選 ── 得点集計結果

作品番号	作品名	高専名	審査基準			総合点[120点満点]	順位	受賞
			①新規性・独創性・活用性[60点満点]	②実用性・事業性[30点満点]	③プレゼンテーション力[30点満点]			
12	MG	函館高専	36	16	18	70	1	優秀賞
06	補強にもおしゃれにも役立つネイルチップ	福井高専	35	7	11	53	2	
11	接触代行 アギト	弓削商船高専	22	13	18	53	2	
02	マスクモラン ── マスク用曇り止めノーズパッド	苫小牧高専	17	15	18	50	4	
04	Anniversary candle	群馬高専	17	13	14	44	5	
15	PLAPOD	神戸市立高専	19	13	12	44	5	

＊最優秀賞(経済産業大臣賞)1作品、優秀賞1作品、審査員特別賞2作品は、該当なし
＊各審査基準得点欄の点数は、3人の審査員が評価した点数を合算したもの
＊各審査基準と評価点数の詳細は、本書130ページ「開催概要」を参照

AMデザイン

開催概要

AMデザイン部門概要

【課題テーマ】唯へのこだわり

【課題概要】

3Dプリンタの造形技術を活用して1つしかない生活サポートアイテムの開発を求める。趣味や娯楽、ファッションなどの創造的、文化的な活動も含め、あらゆる年齢、人種、性別、ハンディキャップをもつ人など、すべての人が充実した生活を送ることをめざして、自由な発想で世の中にない物のアイディアを募集する。

3Dプリンタの特性を活かして3Dプリンタで作る意味を考え、同時に事業化のスキームを検討してもらう。提案するアイテムが新しいだけでなく、3Dプリンタのさらなる進歩へのヒントを示す（新しい使い方をも含んだ）提案であると同時に、市場への流通を考えた時に、3Dプリンタによる製造コストの高さに見合った、付加価値の高いアイディアを期待する。

課題テーマへの取組みを通じ、参加学生全員が広い視野と深い洞察力を身につけて、技術者として大きく飛躍するきっかけにしてもらいたい。

【審査員】今井 公太郎（審査員長）、谷口 靖太郎、小宮 一晃

【応募条件】

①高等専門学校に在籍する学生

②4人までのチームによるもの。1人1作品

③空間デザイン部門、創造デザイン部門には応募不可。ただし、予選未通過の場合には、構造デザイン部門への応募は可

【応募数】15作品（50人、9高専）

【応募期間】2020年8月31日（月）〜10月2日（金）

【提案条件】

①提案は「生活サポートアイテム」とし、3Dプリンタによる造形技術を活用して主要部品を製作したものを「作品」として用意すること

②「作品」の主要部品を3Dプリンタによる造形技術を活用して製作していれば、3Dプリンタによる造形物または造形技術のみで実現する必要はない。一例として、部品を鋳込みにより製作する場合、その型や型の元となる原型を3Dプリンタにより製作する方法など。3Dプリンタによる造形物や造形技術を活用していれば、他の工作技術の利用を含んでも可。3Dプリンタによる造形物や造形技術の活用の詳細は、「本選審査」の「審査基準」の①を参照

③例外として、「作品」の部品の内、ボルトなどのネジ類、バネ類、ゴム類や、電池ボックスを含めた電装品類は市販品の使用可。部品を接合する用途に限り接着剤の使用可。緩衝材としての用途に限りスポンジ類と発泡スチロール類の使用可

④既存技術を前提とする必要はない。ただし、その場合には、解決すべき技術的課題などを具体的に示すこと

⑤提案の背景を客観的なデータなどを用いて示し、その実用化が社会にもたらすと期待される効果を具体的に示すこと

⑥3Dプリンタで用いる原材料の種類は不問。また、提案で想定される装具や器具の原材料と、説明用の「作品」（3Dプリンタを活用した造形物）の原材料を一致させる必要はない

⑦提案内容が特許などの知的財産権に関係する場合は、必要な手続きを提案者の責任で実行すること。また、既存特許への抵触、他の作品や商品の流用などがないことを、特許検索などにより提案者が責任をもって確認し、エントリーシート提出前に担当教員が再度確認すること

⑧現状の法令等との適合度は不問。ただし、その適合度を示すことで、提案の実用化をより具体的に示すことになり、評価が上がる可能性がある

本選審査

「作品」（3Dプリンタを活用した造形物）とポスター審査

【日時】2020年11月25日（水）10:00〜13:00

【会場】株式会社Takram

【参加者】審査員3人　事務担当：飯藤 將之（仙台高専〈名取〉）

最終審査

【日時】2020年12月5日（土）〜6日（日）

【会場】

審査：運営本部と配信担当の野呂 秀太、高橋 学は仙台高専（名取）、本選参加学生は所属学校、審査員は職場や居住地などにて参加。全参加者をインターネット回線でつなぎ、ビデオ会議アプリ「Zoom」を利用して実施。審査経過の動画をインターネットによりYouTubeでライブ配信

パブリック・ビューイング：名取市文化会館　中ホールホワイエ。大型ディスプレイでライブ映像を放映

展示：名取市文化会館　中ホールホワイエ。本選作品のポスターと「作品」、全予選応募作品のエントリーシート（A3判サイズ）

【展示スペース】

展示用パネル（幅900mm×高さ2,100mm、テーブル背面に設置）1枚、テーブル（幅1,800mm×奥行600mm×高さ700mm）1台

①ポスター：展示用パネルに展示、②「作品」：テーブルに展示

【本選提出物】（提出期限：2020年11月19日〈木〉）

①ポスター：A1判サイズ（縦向き）1枚のPDFファイル

②「作品」：3Dプリンタを活用した造形物（3辺合計1,600mm以内、25kg以下）

【審査過程】

審査方式：①「作品」とポスター審査は審査員3人の対面式、その他の全過程はオンライン方式で実施

参加数：6作品（19人、6高専）

日時：2020年11月25日（水）

①「作品」とポスター審査　10:00〜13:00

日時：2020年12月5日（土）

②プレゼンテーション　13:00〜17:00

日時：2020年12月6日（日）

③ディスカッション　9:45〜12:00

④審査員講評　13:30〜14:00

【審査基準】

①新規性・独創性・活用性：現状での社会問題や技術的問題などの解決を前提としたアイデアの新規性や独創性。新しさ、驚き、ときめき、感動、楽しさを感じさせるアイデアを提示することさらに、3Dプリンタの新しい使い方や意外な使い方を含め、3Dプリンタの価値を向上させる活用性を評価する。付加製造技術（3Dプリンティング）を使うことで、はじめて生み出される付加価値があるか。3Dプリンタならではの、3Dプリンタがなしでは実現できない付加価値を持った製品やサービスを提示すること

②実用性・事業性：製品化する上での技術的課題の解決、アイテムの有効性と有用性。客観的または定量的に評価した結果を提示すること。また、実用化、製品化した際に予想される事業効果、収益、ユーザ・ニーズへのマッチング、生産性とコスト、ブランド化などについて提示すること。収益や生産性に関しては、材料コスト、製造コスト、人件費、流通の経費を検討し、製品を市場に行きわたらせる提案を含むこと

③プレゼンテーション力：内容と構成、スライドやポスターの見やすさ、発表者の声や態度（プレゼンテーション、ディスカッション）

【評価点数】

各審査員の持ち点は、①「新規性・独創性・活用性」20点満点、②「実用性・事業性」10点満点、③「プレゼンテーション力」10点満点、合計40点満点

各作品120点満点＝｛（20点満点×1審査基準）＋（10点満点×2審査基準）｝×審査員3人＝40点満点×審査員3人

総合点数（120点満点）をもとに、審査員による協議の上、各賞を決定

予選審査総評 —— 本選出場作品に期待すること

AM技術にふさわしい高付加価値のデザインを発見してほしい　今井 公太郎 (審査員長)

　AM (付加製造 = 3Dプリンタ) 技術は決して安価ではない。射出成型[*1]などスピードの速い製造技術に比べると時間がとてもかかるため、生産性が低く、それをマネージメントする人件費や場所代が相対的に大きくなるからである。ということは、AM技術を用いて何かをデザインしてそれがビジネスとして成り立つ条件は、これまでになかった高付加価値な製品をデザインすることである。高付加価値とは、単に性能が高いということとは限らない。「他の何にも代えられない、喉から手が出るほど欲しい希少なもの」が高付加価値ということである。

　現代の私たちは、「大量生産、大量消費」の高度成長社会を経て、「少量生産、大量情報消費」の時代に生きている。AM技術は精密な内部構造をもつプロダクト (製品) を製造できるだけでなく、デジタル技術ともつながっているため、これからの社会にフィットした未来の技術と考えられている。つまり、デジタル化していく社会においては、ユーザ・エクスペリエンス (使用して得られる経験) を豊かにすることを目的に見据えて、製品単体の製造に留まらず、トータルなサービスまで含めてデザインする必要がある。そのようなAM技術自体の可能性を広げられるような提案を期待している。

註　＊1　射出成形：本書123ページ註1参照

考えた製品が本当にある世界を想像してみよう　　　　　　　　谷口 靖太郎

　製品のコンセプトを考える上では、その製品を購入するであろうカスタマー (顧客) がどのような動機で購入し、その製品を使う際にはどのような体験をするのかという点に考えを巡らせることが重要になる。今回の応募作品の多くは、生活者の目線で不満が感じられる体験に着目してソリューション (解決策) を考案しており、応募者が誠実にアイディアを生み出そうとしている印象を受けた。また、コロナ禍という時世を反映したアイディアも少なからず見受けられ、足元から現在の状況を改善しようという気概が感じられた。

　しかしながら、それらの良いアイディアを製品のコンセプトとして昇華するには検討が不十分な点も散見した。製品アイディアの周辺にあるべきカスタマー・ジャーニー[*2]を可能な限り具体的に想像し、コンセプトに説得力を持たせる必要があるだろう。また、プロトタイピング (試作) のために3Dプリンタを活用するところまでは良いものの、実際の製品として量産する際に3Dプリンタを用いるという点が吟味されていない作品も多かった。予選通過作品は特にこれらの点に留意し、本選に向けて提案コンセプトの完成度を高めていってほしい。

註　＊2　カスタマー・ジャーニー：顧客が商品の情報を得てから購入に至るまでの感情や思考の変化、行動などを表すマーケティング用語

使う人が幸せになれるストーリーを　　　　　　　　　　　　　小宮 一晃

　応募された作品には、「少量多品種生産」「複雑形状」「カスタマイズ」といった積層造形 (AM) の長所を活かそうと苦心していて、大いなる可能性を感じさせるものが多かったが、その反面、「積層造形技術でなければならない必然性」「製品の社会ニーズ」の双方を満たす提案は少なかった。特にコロナ禍の中、作った製品を誰が、どのようなシーンで使うのか、どうしたら使用者に喜んでもらえるのか、それを使う人の生活がどう豊かになり、幸せになるのかというストーリーが提案に加わっていると、もっと訴求力が高まったように思う。

　積層造形技術を使ったビジネスモデルは、数多くの事業者がトライしている分野であるが、まだ成功事例は多くない、大変に難易度の高い分野である。本部門は、それらを踏まえた上で、既存の製品や事業の延長ではない、学生の柔軟な発想力とチャレンジに期待している。

　本選に進んだ作品は、大いなる可能性を秘めているものの、まだ荒削りな提案が多い印象である。もう一度、作品を見つめ直してもらい、本選においては、より洗練された提案とプレゼンテーションが見られるよう期待している。

＊文中の［　］内の2桁数字は作品番号

予選審査経過

　2020年10月15日（木）に実施した予選審査は、新型コロナ
ウイルス（COVID-19）感染防止のため、インターネット回線を利
用したオンライン審査に変更となり、審査員と事務担当者はそれ
ぞれモニタを通してやり取りし、本選に進む作品を選出した。
　今年の課題テーマ「3Dプリンタの造形技術を活用して1つし
かない生活サポートアイテムの開発」の下、新規アイディアを
盛り込んだ応募全15作品は、エントリーシートに記入された
①新規性・独創性・活用性、②実用性・事業性、を審査基準とし
て審査された。また、3Dプリンタを用いる優位性やAM技術に
よる付加価値を備えたデザイン性も評価軸の1つとされた。
　なお、審査員には、予選審査の前に全応募作品のエントリー
シートを配布し、応募作品の内容を把握してもらうとともに、
各作品に評価点を付けてもらうよう依頼していた。
　当初は、各作品に付いた評価点をもとに審査し、予選通過作
品を選出する予定であった。しかし、予選審査当日、審査員た
ちは評価点を付けず、各作品のエントリーシートで提案内容を
再確認しながら、「評価基準に対応して新規性があるか」「事業
として将来性が見込めるか」「アイディアのおもしろさだけでは
なくデザインにも魅力があるか」「本選に出場した場合、作品に
発展性はあるか」などについてディスカッションし、各応募作
品にコメントを付けながら、予選通過作品を選出していった。
　審議の末、合議により最終的に7作品が予選通過作品として
決定した（表3参照）。予選通過作品には予選通過の結果と審
査員からの「本選に向けたブラッシュアップの要望」（本書133
ページ〜参照）を合わせて通知した。
　予選通過作品はいずれもアイディアに新規性があり、エント
リーシートの説明がわかりやすく、審査基準①②について十分
な説明力があった。また、審査基準以外の面も含めて潜在的に
発展性が望める提案が多かった。
　一方、予選未通過となった作品には、アイディアとして魅力
的な部分がありながらも具体性に欠けている、3Dプリンタを用
いたAM技術を使う必然性が乏しい、市場に存在する代替製品
を超えるほどの有用性が感じられないといった理由で落選する
ものが多かった。
　なお、応募全15作品のエントリーシートは本選の会期中、名
取市文化会館のAMデザイン部門会場に展示された。

（野呂 秀太　仙台高専〈名取〉）

開催概要（予選）

予選審査

【日時】2020年10月15日（木）13:00〜17:30
【会場】
インターネット回線で運営本部の仙台高専（名取）と各審査員（所
在地）を結び、ビデオ会議アプリ「Teams」を利用したオンライン
審査
【事務担当】
飯藤 將之、野呂 秀太、高橋 学（仙台高専〈名取〉）
【予選提出物】
エントリーシート（PDFファイル）：クラウド・サービスにて提出
（2020年8月31日〈月〉〜10月2日〈金〉）
①学校名、作品名、メンバー氏名など
②概要：何を提案しているかわかるように、図や表、写真、図面
　などを用いて、A4判サイズ1ページ以内にまとめる
③詳細：提案の詳細がわかるように、図や表、写真、図面などを
　用いて、①新規性・独創性・活用性、②実用性・事業性をそれぞ
　れA4判サイズ2ページ（合計4ページ）以内にまとめる
【予選通過数】
7作品（25人、6高専）　うち1作品［01］は辞退により本選欠場
【予選審査基準】
①新規性・独創性・活用性、②実用性・事業性
（詳細は、本書130ページ「開催概要」の審査基準①②参照）
【評価点数】
各審査員の持ち点は、「①新規性・独創性・活用性」20点満点、
「②実用性・事業性」10点満点、合計30点満点
各作品90点満点＝30点満点×審査員3人

表3：予選 —— 選出結果

作品番号	作品名	高専名（キャンパス名）
01	ノー・ペイン・ノ・ノーズ・パッド*1	弓削商船高専
02	マスクモラン —— マスク用曇り止めノーズパッド	苫小牧高専
03	EVATAR	岐阜高専
04	Anniversary candle	群馬高専
05	感染予防ハンドグリップ	群馬高専
06	補強にもおしゃれにも役立つネイルチップ	福井高専
07	ひやまきまいまい	仙台高専（名取）
08	Plant Corrections	福井高専
09	ドアあけくん	仙台高専（名取）
10	Uni-waves	福井高専
11	接触代行 アギト	弓削商船高専
12	MG	函館高専
13	ぷりんと看板	神戸市立高専
14	ネットブラシ接続器	国際高専
15	PLAPOD	神戸市立高専

7作品

註
＊1：本選欠場
＊表中の　　　は予選通過
＊各審査基準の詳細は、本書130ページ
　「開催概要」の審査基準①②参照

予選通過作品講評

本選に向けたブラッシュアップの要望

今井 公太郎（審査員長）、谷口 靖太郎、小宮 一晃

01
弓削商船
高専

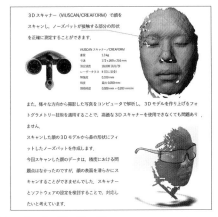

ノー・ペイン・ノー・ノーズ・パッド（辞退により本選欠場）

メガネのノーズパッド（鼻当て）と鼻が接触する部位が人それぞれ異なるため、長時間メガネを使用しても快適となるよう、3Dプリンタで個人個人に最適なノーズパッドを製作するというアイディアである。3Dラチス構造[*1]に着目した点がおもしろい。硬さや軟らかさ、通気性などの機能を付加できる点が評価できるが、「感触」については、さらに検討を深めてほしい。

また、メガネ以外の機能については、必ずしもノーズパッドに限らずに、マスクを付けた際の曇り予防機能やメガネとマスクの一体型、フェイスマスクを装着できるようにするなど、アーム部などを含めたメガネ・フレーム全体としての提案に練り直しても良いのではないか？

註　＊1　ラチス構造：格子状の構造で、軽量化や高強度化が期待できる

02
苫小牧高専

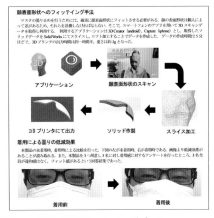

マスクモラン —— マスク用曇り止めノーズパッド

メガネの使用者がマスクをするとメガネのレンズが曇ってしまう問題を解決するため、マスクと肌のすき間を3Dプリンタで製作したアイテムで塞ぎ、レンズが曇らないようにするアイディアである。エントリーシートにあるように、メガネの曇り予防の商品は複数発売されているため、曇り予防の機能を超えて、3Dプリンタを用いることで、たとえば、スポーツ中にも使えるように特化するなど、他の機能を付加する案を検討してほしい。また、価格設定がかなり高額となっているため、価値に見合う製品となるよう、アイディアを練ってほしい。

04
群馬高専

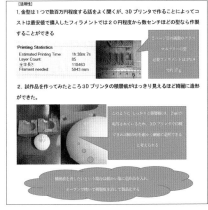

Anniversary candle

本提案は、記念や思い出となるモノの形をスキャンし、キャンドル造形のためにキャンドルの型を3Dプリンタで成形するものである。思い出が形になり、かつキャンドルとして残るという発想はロマンチックで素敵であると同時に、おもしろい。

しかしながら、思い出の形というのが「どのような形」なのか、具体的な提案に至っておらず、アイディアを明確にすることが求められる。一方で、型を作らずにそのままキャンドルを3Dプリンタで造形できるのではないかという懸念もあり、型の必要性を再検討すべきである。事業性を考えた時に、どのように顧客にサービスを提供するのか、ビジネスモデルのデザインが定かでないので、具体的に練って提案してほしい。

06
福井高専

3Dスキャンでお客様の爪をスキャンしてそれを形にしようとした場合、3Dプリンタもしくは金型を作成するかの選択となる。この作品を製品として売り出す場合、お客さん1人に対して爪型を一つずつ用意する必要があり、作成するのも保存も手間である。そこで3Dプリンタを利用することによって爪の形をデータとして保存でき、いちいち金型を作成して保存する必要がなく、2回目以降のご利用の際もそのデータを利用してプリントするだけなので作業がとても楽である。

実験的に粘土と市販のネイルチップを使用して指の爪を取ったが、図2のようにうまくスキャンが出来なかった。3Dスキャンの方法については改善が必要である。

図2　3Dスキャンの結果

補強にもおしゃれにも役立つネイルチップ

本提案では、巻き爪の治療やコスメティックス（美容）の分野で使われる付け爪（ネイルチップ）を3Dプリンタで製作する。爪の形状が利用者それぞれ異なる点に着目し、3Dスキャンしたデータを用いることで利便性や付加価値を高められるというアイディアが高く評価できる。実際に試作品を作成し、ぜひ本選までに完成した形にしてほしい。ネイルサロンでの利用を考えると、ネイルアートを描くベースとなるネイルチップを、さまざまな爪の形に合わせてその場で造形できれば、ネイルサロンで施術する時間の短縮につながる可能性があり、ビジネスチャンスが期待できる。

爪のスキャンをサロンで行なうには、手の指が複数本あるので、スキャンを短時間で行なう方法も合わせて考えてほしい。ネイルチップの形状も3Dプリンタで自由な造形が可能である点を踏まえて、既存のネイルアートの枠にとらわれない発想を期待する。

---

(11) 弓削商船高専

接触代行 アギト

日常生活で新型コロナウイルス感染症（COVID-19）などの接触感染リスクを低減させるため、不特定多数の利用者が触れる吊り革、押しボタン、レバー、ドアノブなどの操作を3Dプリンタで製作したアイテムで行なう提案である。

提案のアイテム1つで、さまざまな操作が可能な点は評価できるが、形状が工具のパイプレンチに似ており、常に持ち歩くものとしては無骨で、素早い使用も難しいことなど難点が予想される。もっと実用性を優先したデザインにしてほしい。機械としての機構を追求するよりも、携帯性やデザイン性など機械から離れた、人にやさしいデザインを追求したほうが良いのではないか。

3Dプリンタを用いる理由が脆弱なため、意匠性やファッション性など、利用者に訴えかける造形にすることを検討してほしい。

(12) 函館高専

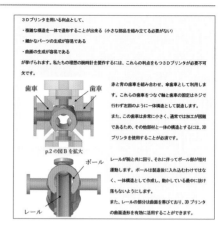

MG

本提案では腕時計に焦点を絞り、文字盤が腕をひねることなく顔の方向に移動する機構を備えた腕時計を、3Dプリンタにより一体成形する。時計という非常に高精度を求められ、高付加価値の製品に対してアプローチした点がとても評価できる。

3Dプリンタならではの特別な機構を備えた製品を設計製造しようという考え方は正しいし、3Dプリンタが登場した初期に求められたニーズである「複雑な機構を立体成形で行なうアプローチ」にも興味を覚える。アイディアという視点では、文字盤が好きな方向を向くという特別なバランス機構をもたせるという発想が、プロダクト・デザインとしても非常におもしろい。

製品機構が非常に複雑なので、製品を作り上げるという実現性には多少の不安を感じるところではあるが、最後まできちんと作り上げて機構の詳細を示してほしい。

(15) 神戸市立高専

PLAPOD
（ぴーえるえーぽっど）

本提案は、複雑な形状の育苗ポッドでも生分解[*2]機能を有するPLA（ポリ乳酸）樹脂を用いて3Dプリンタで容易に成形できる、というアイディア。これまでにない、全く新しい製品になる可能性があるおもしろい着眼点である。

しかし、既存の育苗ポッドの機能を突き詰めていくような考え方では、画期的な新しい製品にはならない。3Dプリンタ技術の特徴を使った新しい機能、または新しいデザインを突き詰めていくような、これまでの鉢とは全く違うものを考えてほしい。肥料ポケット以外に、たとえば、「観賞、移動、水遣り、空間配置などの機能を付加できないか？」と考えるとおもしろい製品ができ上がるのではないか。そして、もう1つの懸念として、高機能な鉢を生分解性の使い捨てとして作ると、ビジネスモデルとして採算性を見込めない可能性が高い。高機能性を有した植木鉢にふさわしい素材を再度検討する必要がある。

註　*2　生分解：プラスティックなどの化合物が微生物の作用により分解すること

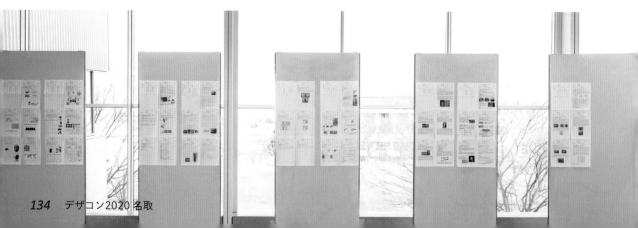

予選 9 作品

(01) 弓削商船高専　**ノー・ペイン・ノー・ノーズ・パッド**[**1]
メガネ用鼻当て

◎青山 竜巳、中司 大輔、束山 武多、村上 芽衣［電子機械工学科5年］

審査講評
本書133ページ参照。

---

(03) 岐阜高専　**EVATAR**
会話特化アバター（遠隔操作）ロボット

◎小井戸 穂高、谷 陽輝、南谷 沙弥、村木 大智［機械工学科5年］

審査講評
実体のあるアバターを用いて遠隔コミュニケーションをする可能性は評価できる点であるが、カメラによるコミュニケーションを凌駕するだけの価値が提案からは伝わらなかった。互いがアバターを持った状態にするまでの準備に大変な手間がかかるので、それを超えるだけの価値を具体化できていない点が惜しい。

---

(05) 群馬高専　**感染予防ハンドグリップ**
自転車グリップ・カバー

◎市川 友己［機械工学科3年］／八木 優駿［環境都市工学科3年］／蔭谷 赳太郎［電子情報工学科3年］

審査講評
新型コロナ（COVID-19）対策としての着眼点はおもしろい。しかし、代替手段である手袋や消毒液などと比べ、グリップの上にグリップをはめる手間がかかる。グリップにはさまざまな形状があるので、それぞれを合わせる仕組みや3Dプリンタ技術を活用できるだけの優位性、特化性を創造する提案があると良かった。

---

(07) 仙台高専（名取）　**ひやまきまいまい**
テーピング用具

◎熊本 玲、小谷 真人、赤間 祐仁、戸叶 翔汰［機械システム工学科5年］

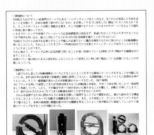

審査講評
昨年の応募作品の改善案。昨年の講評（2019年オフィシャルブック[15]参照）どおり、コンセプトは大変おもしろい。他方、製造方法に3Dプリンタを使用する点でのアイディアが向上できておらず、製造方法もAMにこだわる必要がない。製品の位置づけとして、コンセプトをもっとシンプルにして片手で巻ける装置として開発し、大量生産が可能な方法で提案するとよい。

---

(08) 福井高専　**Plant Corrections**
農作物の形態矯正器

◎吉田 有輝、玉村 勇輝［生産システム工学専攻専攻科1年］／角田 隼輔、石川 奈央［環境システム工学専攻専攻科1年］

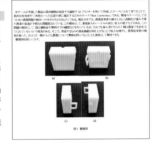

審査講評
3Dプリンタを新製品提案における試作開発装置と位置づけている点で、AMのメリットの1つを正しく活用している。他方、提案された製品は3Dプリンタを用いる必要がなく、3Dプリンタの「付加価値」をうまく活用できていない。農作物をどういう形にすれば付加価値が高くなるのかといったアイディアが提案書から見えなかったのが残念である。

---

(09) 仙台高専（名取）　**ドアあけくん**
非接触式ドア開閉装置

◎佐々木 啓介、鈴木 雄裕［総合工学科Ⅱ類機械・エネルギーコース3年］

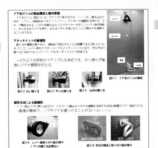

審査講評
新型コロナ（COVID-19）対策としての着眼点はおもしろい。他方、すでに同様の製品が存在する。ノブの形状に合わせる方法もゴムなどの材料を使えば足りるので、3Dプリンタで製造する必然性をもっと突き詰めてほしい。デザイン的にもアイディア的にも、もう一段の工夫があると良かった。

---

(10) 福井高専　**Uni-waves**
スマホケース

◎兵田 憲信、蓑輪 朋哉［生産システム工学専攻専攻科1年］／坂本 竜朗［環境システム工学専攻専攻科1年］

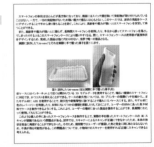

審査講評
スマホ（スマートフォン）ケースは、すでに多種多様な機能の商品が市販され、個人に特化した製品も存在する。また、スマホ自体がプロダクトとして完成した物であり、それを超えるだけの新規性は見られなかった。市販品を超えるだけのニーズを発掘し、利用者を「カスタマイズしたスマホケースを本当に必要とする人」に絞った提案になると良かった。

---

(13) 神戸市立高専　**ぷりんと看板**
立体看板

◎有馬 朋希、東 悠月、永樂 朋輝（2年）、森口 輝一（1年）［機械工学科］

審査講評
大型の成形物は、3Dプリンタが不得意としている分野の1つである。すでに安価な材料や製法（Glass fiber Reinforced Cement）による立体看板が市中に存在している中、それらを覆すだけの魅力的な提案が必要である。また、「立体看板をAMで作る」というだけでは、特許として認められない可能性が高い。

---

(14) 国際高専　**ネットブラシ接続器**
野球用バックネットの運搬用器具

◎坂西 柳乃助［機械工学科4年］

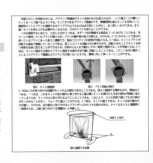

審査講評
すき間を埋めるアイディアとしてはおもしろいが、そのアイディアが事業性を満足させるほど相手に便利さが伝わるまでに昇華できていない。提案する製品の魅力が伝わるような突出したアイディアが必要。製造方法も3Dプリンタを使用する必然性が弱く、さらなるアイディアの補強が望まれる。

審査員

AMデザイン

審査員長

今井 公太郎
いまい　こうたろう

建築家、東京大学生産技術研究所　教授

1967年　兵庫県生まれ
1990年　京都大学工学部建築学科卒業
1992年　東京大学大学院工学系研究科建築学
　　　　専攻修了
1994-2007年　東京大学生産技術研究所　助手
　　　　東京大学キャンパス計画室　助手
2010年　博士（工学）取得
2010-13年　東京大学生産技術研究所　准教授
2013年-　同　教授

◆主な建築など
建築に、『東京大学生産技術研究所アニヴァーサ
リーホール』（2013年／日本建築学会作品選集
2014）、『東京大学生産技術研究所千葉実験所』
（2017年）、『東京大学生産技術研究所千葉実験
所研究実験棟Ⅰ』（2019年／2018年度日本建
築家協会優秀建築選100選、日本建築学会作品
選集2019）など
最新作は、『PENTA：3Dプリント技術を用いた
セルフビルド実験住宅』（2018年-）

◆主な著書
『建築のデザイン・コンセプト』（共著、2013
年、彰国社）、『14歳からのケンチク学』（共著、
2015年、彰国社）など

◆主な活動
建築計画の基礎理論に関する研究、価値創造デ
ザインの活動、教育活動を行なう。東京都葛飾
区「浸水に対応した街づくり検討会」委員

審査員

谷口 靖太郎
たにぐち　せいたろう

デザイン・エンジニア
株式会社Takram　参画

1985年　東京都生まれ
2008年　慶應義塾大学SFC卒業
2011年　東京藝術大学大学院美術研究科デザ
　　　　イン専攻修了
2013年　ロイヤル・カレッジ・オブ・アート（イ
　　　　ギリス）修士課程（Innovation Design
　　　　Engineering）修了
2013年-　帰国し、Takramに参加

◆主な活動
イノベーションの探求を独自のテーマとして、
宇宙やバイオなどの技術的な転換点を迎えそう
な分野のプロジェクトを数多く手掛けている。
ハードウェアのデザインからソフトウェアの
コーディング（コンピュータ言語でコードを書
く）まで、幅広いスキルを組み合わせた統合的
なモノづくりを得意としている

◆主なプロジェクト
『fluidDial』（2013年／TOKYO DESIGNERS
WEEK「Young Creators Competition」準グ
ランプリ、2013年）、『次世代エネルギー事業
開発プロジェクト』（共同開発、2015年度グッ
ドデザイン賞、2015年）、小型月面ローバー
（ispace社、2017年）、農業スタートアップ
のロボット・デザイン（レグミン、2019年-）
のデザイン、繊維技術を中心に未来のシナリオ
を描いた『SELFORG』（2019年／デザイン・
マガジン『Core77』主催「Core77 Design
Awards」Speculative Design部門Runner
Up賞、2020年）など

審査員

小宮 一晃
こみや　かずてる

経済産業省　職員

1997年　通商産業省（現・経済産業省）入省
2013-15年　経済産業省商務流通保安グルー
　　　　プ電力安全課　係長／課長補佐
2015-17年　同省商務情報政策局医療・福祉機
　　　　器産業室　室長補佐
2017-20年　同省製造産業局素材産業課革新
　　　　素材室　室長補佐
2020年-　同省同局素形材産業室　室長補佐

◆主な活動
次世代型産業用3Dプリンタ技術の開発を進め
る国家プロジェクトの担当など

プレデザコン

課題テーマ

形而上

応募は高専の3年生以下の学生限定で、既成概念にとらわれない自由な発想による幅広いデザインを求める。デザコンの従来の4部門の内の3部門に連動して、3つのフィールドに分け、それぞれに以下の課題テーマを設定する。

①空間デザイン・フィールド

現存するか、または過去に実在した空間の透視図（視点と焦点を定める）。ただし、時間や視点が固定された写真のように写実的、客観的な表現ではなく、異なる時間や視点が混在するなど、主観的な表現とする。出典はわかるものの、独創的、想像的な時間や空間をコラージュした「似て非なる」唯一無二の時空の提案を求める

②創造デザイン・フィールド

次回、2021年呉大会で使用するエコバッグのデザイン。開催地である広島県呉市にふさわしいデザインを求める

③AMデザイン・フィールド

3Dプリンタで作成する「落下時の衝撃を吸収するシェルター」。製作したシェルターを自由落下させる競技により、測定した衝撃力が小さいほど上位とする

▶本選　①18作品／②8作品／③6作品　**32**作品

2020.11.09-11.13
　応募
2020.12.01
　競技（＝衝撃吸収シェルター試験）：③
2020.12.05
　作品展示、投票：①②
　競技動画の映写と配信（結果発表）：③
2020.12.06
　作品展示、投票、結果掲示：①②
　競技動画の映写と配信（結果発表）：③

▶受賞　**9**作品

①空間デザイン・フィールド
最優秀賞（科学技術振興機構〈JST〉理事長賞）　空間-11 石川高専『禅と無』
優秀賞（全国高等専門学校連合会会長賞）
　　空間-15 秋田高専『国際教養大学「中嶋記念図書館」── 365日眠らない図書館』
特別賞（全国高等専門学校デザインコンペティション実行委員会会長賞）　空間-17 岐阜高専『貝殻ホテル』
②創造デザイン・フィールド
最優秀賞（科学技術振興機構〈JST〉理事長賞）　創造-04 明石高専『呉の暮れ』
優秀賞（全国高等専門学校連合会会長賞）　創造-03 長岡高専『An Exquisite Sunset』
特別賞（全国高等専門学校デザインコンペティション実行委員会会長賞）　創造-06 秋田高専『COMPASS』
③AMデザイン・フィールド
最優秀賞（科学技術振興機構〈JST〉理事長賞）　AM-06 津山高専『Podd』
優秀賞（全国高等専門学校連合会会長賞）　AM-03 津山高専『Collon 2』
特別賞（全国高等専門学校デザインコンペティション実行委員会会長賞）　AM-02 鶴岡高専『単位号』

プレデザコン

最優秀賞
科学技術振興機構（JST）理事長賞

空間-11　石川高専

得点：29

禅と無

◎佐々木 海人、奈良 妃夏、関 桜空 [建築学科 2 年]
担当教員：内田 伸 [建築学科]

投票者コメント（抜粋）

内装と外装を同時に1枚の絵で表現していて驚いた。描き込みが細かく、絵と思えないクオリティの高さ。／モダンな中に和を感じる。／水に浮かぶ感じがすてき。水鏡は波紋によって見え方が違って、かっこいい。／渋い、不思議、かっこいい。／モノトーンで濃淡を表現した力量を評価。どこか恐ろしげな雰囲気もおもしろい。／写真のようにていねいな描写で、禅と無をうまく表現。設計者の意図に通じる。／静かながら、水面と緑から凛とした空間の中の安らぎの雰囲気も。訪問者各々が別の感じ方をし、想像を広げられる。／明暗の色遣いがすばらしい。禅の雰囲気や静寂さが伝わる。／静謐な空間を上手に表現。／時空を超えて存在する禅の世界を1枚の絵で伝えようとする迫力が感じられた。／色への主張が明らかに他と異なっていて目が向いた。シンプルなのに美しく、幻想的。

（来場者）

提案主旨：鈴木大拙館は禅と無の建築であり、ここでは鈴木大拙の思想が定形を持たない庭により表現されている。水鏡の庭に浮かぶ建物の姿と、禅の空間としての姿をそれぞれ描くため、下側の水面に反射するほうの像を実際の見え方とし、上側の実態のほうは透視図的に描いた。また、静かで荘厳な雰囲気を表現するため、彩色は暗めに施した。

優秀賞
全国高等専門学校連合会会長賞

空間-15　秋田高専

得点：21

国際教養大学「中嶋記念図書館」
—— 365日眠らない図書館

◎若狭 千乃 [創造システム工学科土木・建築系 3 年]
担当教員：鎌田 光明 [創造システム工学科土木・建築系]

投票者コメント（抜粋）

絵の雰囲気がすてき。全体を見渡せて良い。／ありそうでない構図が良い。／本1冊1冊を鮮やかに表現。／印象的。／秋田の伝統技術に着目した点が良い。／空間の広さ、大きさを感じる。／1人だけの人間、1匹の猫、開いたままの本……。見れば見るほど、そこにある物語への想像が広がる。／今と昔の境界にいるような気分になる。／傘型屋根構造の秋田で唯一無二の図書館を、見事に表現。

（来場者）

特別賞
全国高等専門学校デザインコンペティション実行委員会会長賞

空間-17　岐阜高専

得点：17

貝殻ホテル

◎大林 千紘 [建築学科 3 年]
担当教員：今田 太一郎 [建築学科]

投票者コメント（抜粋）

ファンタジーに出てきそう。／アニメの世界のようでおもしろい。／実物を見たい。／ホテルに泊まりたい。／メルヘンの世界で、楽しそうな空間。／流れる曲線の温かみを感じる。／細部まで海にこだわり、貝殻のシャワーヘッドはおもしろい。／アイディアとモダンな雰囲気がすごい。／具体的な利用に関する提案が良い。／とても興味がわく説明。行きたくなり、幸せな気持ちになった。

（来場者）

最優秀賞
科学技術振興機構
（JST）理事長賞

（創造-04） 明石高専

呉の暮れ

得点：28

◎大池 岳、寒竹 志勇、内藤 廉哉、山口 ひより［建築学科3年］
担当教員：本塚 智貴［建築学科］

投票者コメント（抜粋）

呉の工業地帯が海に映っている様子が美しい。1つのシンボルに、多くの意味が込められている。／抽象的なデザインだけで呉を表現し、洗練された印象。スッキリしていて良い。／語呂合わせが巧み！「呉」の文字にデザインをうまく落とし込んでいるところがすごい。幾何学模様で風景をつくるところが、おもしろい。／「呉」の文字を象形文字的に崩していった時の発想と、呉の特徴がよく伝わるデザインとがうまく合致。／「暮れ」の風景を「呉」の1文字から想像するところがいい。／最も飽きない。／おしゃれ。一番目立った。／普段使いしやすそう。／「呉」が、美しいテキスタイルになっていた。／「呉」の文字を組み込み、地域をうまく表現。／呉の文字がよくデザインに落とし込まれている。／黒地に黄は、呉の明かりを表しているのがよくわかる。／呉の魅力が最も伝わった。（来場者）

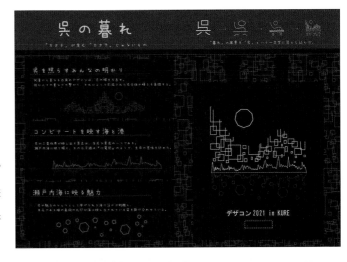

提案主旨：「暮れ」の風景を「呉」という漢字1文字に落とし込んだ。大きく分けて「呉を照らすみんなの明かり」「コンビナートを映す海と港」「瀬戸内海に映る魅力」の3つから「呉」という文字を構成している。瀬戸内海に映っている風景は、海とわかるように線を細くして表現した。

優秀賞
全国高等専門学校
連合会会長賞

（創造-03） 長岡高専

An Exquisite Sunset

得点：27

◎吉田 知世［物質工学科3年］／今井 彩乃［環境都市工学科3年］
担当教員：宮嵜 靖大［環境都市工学科］

投票者コメント（抜粋）

赤が印象的で、プライベートでも使えそう。／色、デザインが印象的。／ドットスクリーンで描く夕日の鮮やかさに目を奪われた。／シンプル。／夕日を赤ではなく、金で表すのがすごい。／ひと目でわかりやすい。色合いがすてきで、丸や波線がやさしい雰囲気。／切手みたいでいい。／「ザ・日本的」でかわいい。／鳥居にインパクトがある。／立体的なデザインが良い。　　　　　（来場者）

特別賞
全国高等専門学校
デザイン
コンペティション
実行委員会会長賞

（創造-06） 秋田高専

COMPASS

得点：25

◎植木 伶羽［創造システム工学科土木・建築系3年］
担当教員：鎌田 光明［創造システム工学科土木・建築系］

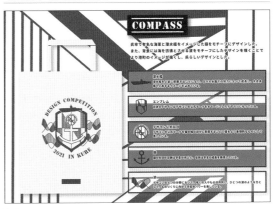

投票者コメント（抜粋）

よくまとまったデザイン。呉やデザコンにまつわる多くの要素が入っている。／波のモチーフがすてきで、長く使えそう。／シンプルでわかりやすい。／デザインのバランスが良い。／それぞれの部分に1つの共通性があり、学生の頑張る様子を想像できる。／波のモチーフが調和を表していて良い。／シンプルなのに目に留まるデザイン。／鮮やかで、呉市の良さが伝わってくる。　（来場者）

＊本書140～142ページの氏名の前にある◎印は学生代表
＊作品番号の「空間」は空間デザイン・フィールド、「創造」は創造デザイン・フィールド、「AM」はAMデザイン・フィールドを示す
＊AMデザイン・フィールドは、衝撃力の小さいものほど上位

最優秀賞
科学技術振興機構
（JST）理事長賞

（AM-06）津山高専

Podd

質量：31.011g　衝撃力：320N

◎末田 隼一、津下 純一［総合理工学科機械システム系3年］　担当教員：塩田 祐久［総合理工学科機械システム系］

提案主旨：
シェルターとクッションを独立させることで形状を変更しやすくした。また、3Dプリンタでの造形の容易さや、サポート材が少なくて済むことを考えて設計した。

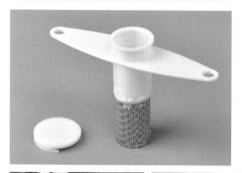

作品名：Podd

作品の特徴：1.試行錯誤しやすい　シェルターとクッションを独立させることで形状を変更しやすくする　2.3Dプリンターでの造形の容易さ

作品の取り扱い

手順1.作品の上（図1）から矢印に従って分銅を入れる。

手順2.図2の赤い面同士をあわせて作品にはめこみ蓋をする

*この作品の蓋はスライド式なのでくぼみには注意してください。

図1

図2

<u>図1の上下に従って計測を行ってください</u>

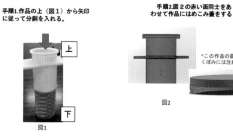

優秀賞
全国高等専門学校
連合会会長賞

（AM-03）津山高専

Collon 2

質量：26.649g　衝撃力：1,298N

◎小野 新菜［総合理工学科機械システム系3年］　担当教員：塩田 祐久［総合理工学科機械システム系］

作品名：Collon2
作品の特徴：衝突時に分銅がスロープ上を運動することで衝突時間を延長し、衝撃を軽減する。
作品の取り扱い方

手順1.分銅ケースの持ち手オレンジの部分を画像の　➡　の方向に引っ張る

手順2.分銅を頭を下側にして入れる

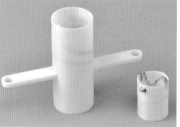

特別賞
全国高等専門学校
デザイン
コンペティション
実行委員会会長賞

（AM-02）鶴岡高専

単位号

質量：28.894g　衝撃力：1,585N

◎福定 隼也［創造工学科機械コース2年］　担当教員：和田 真人［創造工学科機械コース］

作品名：単位号
作品の特徴：パラシュートを用いて落下速度を減速し、衝撃の軽減を狙う。ふたをして作品が外に出ないようにしている。
作品の取り扱い

パラシュート

ふた

本体

図のように、3つのパーツの内、「本体」に分銅を収めます

ふたのツメを本体のスリットに、本体のアームをパラシュートのスリットにそれぞれ通し、組み立てを行います

プレデザコン

本選審査経過／総評

コロナ禍での開催実現こそが最大の成果

デザインの原体験を想起する課題テーマに――「形而上」

高専の3年生以下の学生を対象として、全員が本選へ作品を応募できるプレデザコン部門は、低学年のうちからデザコンへの参加を高専の学生に意識させるとともに、高専でのデザコンの知名度アップに貢献してきたと言える。実際に、プレデザコン部門への参加経験者や、3年生以下の学生が上級生とチームを組んで、全学生が対象となる主要4部門へ参加する作品が増えてきている。この状況を鑑みて、プレデザコン部門の役割は、デザコンへ参加する学生を増やす「普及への貢献」としての「広報」の段階から、プレデザコン部門へ参加したことで得られる「価値（＝経験）」を重視する「学修」の段階へと移行していく必要性を感じていた。この変更により、応募作品数も増加すると考えた。

そこで、今年は課題テーマを2019年東京大会の「気になる『もの』」から「形而上」に変え、概要にも「専門科目を学んだ経験の少ない中で、既成概念にとらわれない自由発想によるデザインを求める」旨を追記した。つまり、「デザインの原体験」として「アート」を位置づけ、プレデザコン部門を「デザイン・テクノロジー」の物語へと誘う冒険への扉である「アート」ととらえたのである。アートやデザイン、テクノロジーの語源であるギリシャ語の「テクネ」は、それらの「形而上」に当たると考え、今回の課題テーマとした。

今年は主要4部門の中でも特に応募作品数が多い空間デザイン部門に着目し、空間デザイン・フィールドをその入門課程と位置づけ、課題内容の変更を行なった。具体的には、表現方法の範囲を、従来の視点の変更に限定せずに、時間や現象の変更およびそのコラージュにまで広げた。課題内容の抽象度を上げて、表現の自由度を高めたことにより、参加者の意識をデザインからアートへと原点回帰させ、結果として、取り組む学生のモチベーションが向上することに期待した。

創造デザイン・フィールドでは、例年、地元在住者とそれ以外の都道府県の在住者とで「開催都市」についてのイメージのとらえ方が大きく異なり、最優秀賞を獲得した作品のモチーフが開催地側の抱くイメージに合わず、翌年のエコバッグのデザインに使うためには、モチーフを変更しなければならない、という課題があった。そのため、両者のギャップを埋める対策を検討していた。

また、AMデザイン・フィールドでは、適正な記録を残せる競技方法の整備が課題となっていた。

一方で、昨今、高専教育の海外展開によるグローバル化への期待が高まっていることを鑑みて、モンゴルとタイの高専の学生のプレデザコン部門への参加や、会場への招聘なども当初は検討していた。

オンライン方式と来場方式のハイブリッド開催

しかしながら、2019年来のCOVID-19の世界的蔓延が、2020年初頭から日本にも及び、教育機関のロックアウトも余儀なくされるなど、教育界全体も未曾有の危機に瀕した。デザコンをはじめ、各種イベントの開催が危ぶまれる中、2020年9月には、実施するとしても、インターネット回線を利用したオンライン方式で開催できるかどうか、という状態に至った。

オンライン方式の場合、来場者の投票により審査を行なってきた空間デザイン・フィールドと創造デザイン・フィールドでは、作品の評価や投票は困難になる。単純にオンライン化した場合、電子画像で作品の魅力が正確に伝わるのか、どうすれば適正な投票ができるのか、など多くの課題があった。また、AMデザイン・フィールドでは、オンライン方式で競技を実施できたとしても、競技の公正さや透明性を確保できるのかが課題となった。

以上の課題の解決法を検討した結果、2020年9月に①空間デザイン・フィールド、②創造デザイン・フィールド：十分な得票数が確保できるかどうかが不安材料であるが、「会場で来場者による投票」という、従来と同じ形式で開催③AMデザイン・フィールド：事前に複数のカメラで同時に競技を撮影した動画を、大会当日に会場で映写するとともに、YouTubeでインターネット上に配信する方向で開催ということが決定した。

ただし、COVID-19が蔓延する中で、実際に応募作品がどのぐらい集まるのかなど、最後まで不安は拭えなかった。

票が割れた投票結果、試験精度の上がった競技

COVID-19の影響で、応募作品数は昨年を下回る結果となったが、計画通り、開催に漕ぎ着けることができた。しかし、さまざまな制約の中で、例年の大会に少しでも近づけることが現実的な目標になった。工夫を積み重ね、競技と投票の実施、成績発表まで漕ぎつけるのが精いっぱいであり、継続開催できたこと自体に最大の意義を感じた大会であった。

課題テーマの抽象性を高めた空間デザイン・フィールドでは、「来場者」の得票を集めた作品と「審査員」[*1]の得票を集めた作品とに乖離が見られるケースもあった。創造デザイン・フィールドでは、宮城県民を中心とする一般来場者の得票を集めた作品と、2021年呉大会の関係者（「審査員」[*1]として投票）の得票を集めた作品とに指向が分かれる結果となった（表1参照）。

AMデザイン・フィールドでは、初回の2019年大会に比べ作品の創造性と完成度が向上し、競技の質が高まった。提出された取扱説明書に則り、12月1日に仙台高専（名取）の教員が、慎重に競技（衝撃吸収シェルター試験）を実施した。それぞれに衝撃吸収機構に工夫を凝らした6作品であった。しかし、作品応募数は前年から微増したが参加校数は減少している。本大会において計測機器の調整方法を確立し、適正な競技記録を残せる競技方法の整備が進んだこともあり、来年はより多くの高専の学生からの応募を期待したい。

なお、さくらサイエンスプラン[*2]などを活用した、海外高専の学生をプレデザコン部門へ招聘する計画は、先行きは不透明であるものの、翌年以降に持ち越し、継続して実施体制の構築をめざすこととなった。

複数の学生による作品増――「ゆい」

今年のデザコンは、オンライン方式での開催により、全世界から視聴可能な大会になった。また、大会運営者が動画や画像などを繰り返して視聴できたため、従来の大会と比べて公正さを確保できたと考える。

また、例年と比べてプレデザコン部門へ複数の学生によるチームで参加する作品が増えたことは、ささやかながらも大会メインテーマ「ゆい」と合致したと言えるのではないか。このように、コロナ禍でハイブリッド（会場とオンラインで

の2元方式）開催したことにより、従来の会場開催であれば気付かずに、やろうとも思わなかったであろうことが実現できたのではないかと考える。

　開催が危ぶまれる中で、「全国高専の結」とも言える絆により、大会を無事に終えることができた。COVID-19の終焉が見えない中、次年以降のデザコンがどのような大会になるかの予測は難しいものの、今後につなげるために、小さいかも

しれないが、新たな一歩を踏み出せたと考えている。

（小林 仁、佐藤 徹雄　仙台高専〈名取〉）

註
* 1　「審査員」：今年は直前での開催方式変更に伴い変則的で、空間デザイン部門の審査員、全国高等専門学校デザインコンペティション専門部会（本書147ページ註1参照）の委員（デザコン2021開催の呉高専教員を含む）3人が「審査員」として投票した
* 2　さくらサイエンスプラン：産学官の緊密な連携により、アジアを中心とする国や地域の優秀な青少年に、日本の先端的な科学技術に触れる機会を提供する事業

表1　空間デザイン・フィールド／創造デザイン・フィールド投票集計結果

作品番号	作品名	高専名	審査員*1	来場者	合計点	フィールド別順位	受賞
空間-11	禅と無	石川高専	10	19	29	1	最優秀賞（科学技術振興機構〈JST〉理事長賞）
空間-15	国際教養大学「中嶋記念図書館」	秋田高専	2	19	21	2	優秀賞（全国高等専門学校連合会会長賞）
空間-17	貝殻ホテル	岐阜高専	5	12	17	3	特別賞（全国高等専門学校デザインコンペティション実行委員会会長賞）
空間-07	繋	小山高専	12	2	14	4	
空間-14	牛にひかれて善光寺参り	長野高専	8	3	11	5	
空間-09	一夜の幻	長野高専	4	6	10	6	
空間-08	松本城	長野高専	3	6	9	7	
空間-13	移	長野高専	3	4	7	8	
空間-06	SHONAI HOTEL SUIDEN TERRASSE	米子高専	2	4	6	9	
空間-12	春を願うオリンピックスタジアム	長野高専	4	2	6	9	
空間-04	青森県立美術館	米子高専	4	0	4	11	
空間-05	独	米子高専	2	2	4	11	
空間-01	積善館	米子高専	0	3	3	13	
空間-18	春夏秋冬	岐阜高専	0	2	2	14	
空間-03	敦賀駅交流施設　オルパーク	米子高専	1	0	1	15	
空間-10	四神相応	石川高専	0	1	1	15	
空間-16	信州・学び創造ラボ	長野高専	0	1	1	15	
空間-02	国際教養大学図書館棟	米子高専	0	0	0	18	
創造-04	呉の暮れ	明石高専	10	18	28	1	最優秀賞（科学技術振興機構〈JST〉理事長賞）
創造-03	An Exquisite Sunset	長岡高専	14	13	27	2	優秀賞（全国高等専門学校連合会会長賞）
創造-06	COMPASS	秋田高専	15	10	25	3	特別賞（全国高等専門学校デザインコンペティション実行委員会会長賞）
創造-01	蒼海のボトルシップ	舞鶴高専	8	16	24	4	
創造-02	未来へ飛べ！	舞鶴高専	5	11	16	5	
創造-05	つながり、これからも	国際高専	3	11	14	6	
創造-08	呉と大和	岐阜高専	3	5	8	7	
創造-07	呉	岐阜高専	2	2	4	8	

註　* 1　審査員：空間デザイン部門の審査員、全国高等専門学校デザインコンペティション専門部会（本書147ページ註1参照）の委員（デザコン2021開催の呉高専教員を含む）3人
　　* 審査員は各フィールドごとに持ち点の範囲内でどの作品に何点票を入れても可
　　* 作品番号の「空間」は空間デザイン・フィールド、「創造」は創造デザイン・フィールドを示す
　　* 作品名はサブタイトルを省略

持ち点（各フィールドごと）：審査員*1＝1人10点　　　10点×6人＝合計60点
来場者（高専教職員、高専の学生、協賛企業関係者、一般来場者）＝1人1点

表2　AMデザイン・フィールド競技結果（順位表）

作品番号	作品名	高専名	質量[g]	衝撃力[N]	合否	フィールド別順位	受賞
AM-06	Podd	津山高専	31.011	320		1	最優秀賞（科学技術振興機構〈JST〉理事長賞）
AM-03	Collon 2	津山高専	26.649	1,298		2	優秀賞（全国高等専門学校連合会会長賞）
AM-02	単位号	鶴岡高専	28.894	1,585		3	特別賞（全国高等専門学校デザインコンペティション実行委員会会長賞）
AM-04	ばね君	津山高専	21.775	2,168		4	
AM-01	アベシカ	鶴岡高専	24.420	899	失格*2	－	
AM-05	つるしてこわすやつ	津山高専	22.596	1,535	失格*2	－	

註　* 2　失格：数値は参考記録。順位は付かない。失格要件は本書147ページ「開催概要」参照
　　* 作品番号の「AM」はAMデザイン・フィールドを示す
　　* 衝撃力の小さいものほど上位。衝撃力が同じ場合は、質量の大きいほうが上位。質量も同じ場合は同順位

本選 23 作品

(空間デザイン・フィールド15／創造デザイン・フィールド5／AMデザイン・フィールド3)

フィールド名-00 : 作品番号 (本書145〜146ページ)

空間デザイン・フィールド

空間-07 小山高専　得点：14
繋
北林 己座（3年）、◎根岸 息吹（2年）[建築学科]
担当教員：崔 煕元[建築学科]

空間-14 長野高専　得点：11
牛にひかれて善光寺参り
◎西林 さくら[環境都市工学科3年]
担当教員：西川 嘉雄[環境都市工学科]

空間-09 長野高専　得点：10
一夜の幻 —— 空飛ぶ泥舟
◎矢島 満衣[機械工学科3年]／長谷川 和、平澤 海月、関澤 遼[環境都市工学科3年]
担当教員：
西川 嘉雄[環境都市工学科]

空間-08 長野高専　得点：9
松本城
◎森 穂乃花[環境都市工学科1年]
担当教員：西川 嘉雄[環境都市工学科]

空間-13 長野高専　得点：7
移 —— 四季の光前寺
◎小林 かんろ[環境都市工学科3年]
担当教員：西川 嘉雄[環境都市工学科]

空間-06 米子高専　得点：6
SHONAI HOTEL SUIDEN TERRASSE
◎松本 遥[建築学科2年]
担当教員：小椋 弘佳[建築学科]

空間-12 長野高専　得点：6
春を願うオリンピックスタジアム
◎腰原 萌[環境都市工学科3年]
担当教員：西川 嘉雄[環境都市工学科]

空間-04 米子高専　得点：4
青森県立美術館
◎川部 知歩[建築学科2年]
担当教員：小椋 弘佳[建築学科]

空間-05 米子高専　得点：4
独
◎佐々木 律[建築学科2年]
担当教員：小椋 弘佳[建築学科]

空間-01 米子高専　得点：3
積善館
◎植村 洸祐[建築学科2年]
担当教員：小椋 弘佳[建築学科]
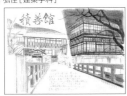

空間-18 岐阜高専　得点：2
春夏秋冬
◎小澤 悠里[建築学科3年]
担当教員：今田 太一郎[建築学科]

空間-03 米子高専　得点：1
敦賀駅交流施設　オルパーク
◎谷口 萌紬[建築学科2年]
担当教員：小椋 弘佳[建築学科]

空間-10 石川高専　得点：1
四神相応
◎吉澤 実紗（3年）、市橋 拓朗、齊藤 千紗、中瀬 裕翔（2年）[建築学科]
担当教員：
内田 伸[建築学科]

空間-16 長野高専　得点：1
信州・学び創造ラボ —— 共に知り、共に創る
◎森岡 ななみ[環境都市工学科1年]
担当教員：西川 嘉雄[環境都市工学科]

空間-02 米子高専　得点：0
国際教養大学図書館棟
◎徳田 来夏[建築学科2年]
担当教員：小椋 弘佳[建築学科]
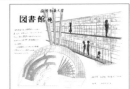

プレデザコン

創造デザイン・フィールド

創造-01 舞鶴高専　　得点：24
蒼海のボトルシップ

◎中村 茅稀［建設システム工学科 1 年］
担当教員：尾上 亮介、今村 友里子［建設システム工学科］

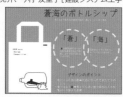

創造-02 舞鶴高専　　得点：16
未来へ飛べ！

◎古川 美緒［建設システム工学科 1 年］
担当教員：尾上 亮介、今村 友里子［建設システム工学科］

創造-05 国際高専　　得点：14
つながり、これからも

◎徳山 美結［国際理工学科 2 年］
担当教員：伊藤 周［国際理工学科］

創造-08 岐阜高専　　得点：8
呉と大和

◎金城 光咲［環境都市工学科 2 年］
担当教員：菅 菜穂美［一般科目（自然）］

創造-07 岐阜高専　　得点：4
呉

◎小澤 悠里［建築学科 3 年］
担当教員：今田 太一郎［建築学科］

AMデザイン・フィールド

AM-04 津山高専　　質量：21.775g　衝撃力：2,168N
ばね君

◎古米 かんな［総合理工学科先進科学系 3 年］
担当教員：塩田 祐久［総合理工学科機械システム系］

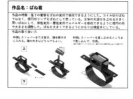

AM-01 鶴岡高専　　質量：24.420g　衝撃力：899N[＊1]
アベシカ

◎阿部 拓夢［創造工学科電気・電子コース 3 年］
担当教員：和田 真人［創造工学科機械コース］

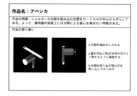

AM-05 津山高専　　質量：22.596g　衝撃力：1,535N[＊1]
つるしてこわすやつ

◎扇 輝、小原 悠太郎、松田 千波［総合理工学科機械システム系 3 年］
担当教員：塩田 祐久［総合理工学科機械システム系］

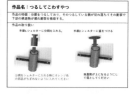

＊1：失格のため数値は参考記録。順位は付かない

開催概要

プレデザコン部門概要

【課題テーマ】 形而上

【課題概要】
高専の本科3年生までを対象とした部門。デザコンの従来の4部門の内の3部門(空間デザイン部門、創造デザイン部門、AMデザイン部門)をもとに連動した3つのフィールドに分け、それぞれに提案条件を設定して実施する。専門科目を学んだ年数が少ない中で、既成概念にとらわれない自由な発想によるデザインを求める。

①空間デザイン・フィールド
「実在する」あるいは「実在した」空間のパース(視点と消点を定めた透視図)を描くこと。ただし、時間や視点が固定された写真のように写実的で客観的な表現ではなく、異なる時間や視点が混在するなど主観的な表現とする。出典はわかるものの、独創的で想像的な時間と空間をコラージュした「似て非なる」唯一無二の時空の提案を求める

②創造デザイン・フィールド
2021年呉大会で使用するトートバッグのデザイン。次回開催地である広島県呉市にふさわしいデザインを提案すること

デザイン条件:
1) トートバッグの寸法は、縦380mm×横330mm程度
2) 表面のみにデザインを印刷する仕様
3) 余白なども考慮の上、デザインの配置まで提案すること
4) 使用できる色は1色、トートバッグの色は白系または黒系
5) 縦15mm×横60mm程度の大きさの協賛企業のロゴの位置を指定すること
6) デザインの意図、コンセプトがわかる説明文を記入すること
7) 手書きでもかまわない。ただし、トートバッグのデザインとして採用された場合、最終デザイン(印刷されるデザイン)は、手書きのままとするのか、あるいは、デジタル的な処理をするのか、作者と打合せの上、決定する
8) 大会で用いるトートバッグの最終デザイン(印刷されるデザイン)を決定するにあたり、作者の確認を取った上で、その意図を十分に汲み取り、デザインの修正や変更を依頼する場合がある

③AMデザイン・フィールド
3Dプリンタで造形した物のみを部品として、落下時の衝撃を吸収するシェルター(作品)を作成すること

製作条件:
1) 造形方法や使用機種、材料、色は自由
2) 一体でなく部品を組み立てた作品も可
3) 造形後の加工(切削、研磨など)、接着剤の使用可
4) 大きさは、幅100mm×奥行100mm×高さ100mm以内(競技装置のスライド金物と接続する部分は含まない)
5) 200gの分銅(Φ28mm×高さ48mm)を収納でき、落下後にも作品から分離しないこと

【応募条件】
①高等専門学校に在籍する本科3年生以下の学生
②4人までのチームによるもの
③同一フィールドに応募できるのは1人1作品
④同一高専(キャンパス)からの応募は、合計12作品以内、同一フィールドで6作品以内
⑤他のコンテストなどに応募していない未発表の作品に限る

【応募数】
32作品(48人、12高専)=
①空間デザイン・フィールド:18作品(27人、6高専)
②創造デザイン・フィールド:8作品(12人、6高専)
③AMデザイン・フィールド:6作品(9人、2高専)

【応募期間】
2020年11月9日(月)〜13日(金)
AMデザイン・フィールドの本選提出物:
2020年11月24日(火)〜27日(金)

本選審査

【日時】
③AMデザイン・フィールド
2020年12月1日(火) 競技
2020年12月5日(土)-6日(日) 競技動画映写と配信(結果発表)
①空間デザイン・フィールド ②創造デザイン・フィールド
2020年12月5日(土)〜6日(日) 展示、投票、結果掲示

【会場】
競技(AMデザイン・フィールド):
 仙台高専(名取) 大教室
展示(空間デザイン・フィールド、創造デザイン・フィールド)、競技動画映写(AMデザイン・フィールド):
 名取市文化会館 展示ギャラリー

【本選提出物】
①空間デザイン・フィールド ②創造デザイン・フィールド
ポスター:A3判サイズ(横向き)1枚、画像データ
③AMデザイン・フィールド
製作条件どおりの製作物(作品)、取扱説明書(電子データ)

【審査過程】
参加数:32作品(応募数と同)
①競技(AMデザイン・フィールド):
 2020年12月1日(火)16:00〜19:00
②展示(空間デザイン・フィールド、創造デザイン・フィールド):
 2020年12月5日(土)9:00〜6日(日)11:30
③競技動画映写(結果発表)(AMデザイン・フィールド):
 2020年12月5日(土)9:00〜6日(日)11:30
④投票(空間デザイン・フィールド、創造デザイン・フィールド):
 2020年12月5日(土)9:00〜6日(日)11:30
⑤結果掲示と映像配信(空間デザイン・フィールド、創造デザイン・フィールド):
 2020年12月6日(日)13:00〜15:00

【審査方法】
①空間デザイン・フィールド ②創造デザイン・フィールド
会場に展示された応募作品を見て、入場者が推薦する作品に各持ち点を自主投票し、その合計得点順位に応じて受賞作品を決定
投票の持ち点(各フィールドごと)=「審査員」(空間デザイン部門の審査員、専門部会[*1]の委員(デザコン2021開催の呉高専教員を含む)3人の計6人/1人10点)、「来場者」(他3部門の審査員、高専教職員、協賛企業関係者、一般来場者/1人1点)
審査員は規定の持ち点の範囲内で複数の作品に配点投票できる
③AMデザイン・フィールド
3Dプリンタで造形した作品(シェルター)に200gの分銅を載せ、高さ(ロードセル[*2]に接触するまでの距離)1mから自由落下させる競技(衝撃吸収シェルター試験)により審査。ロードセルで測定した最大値(衝撃力のピーク値)の小さいものが上位。測定値が同じ場合は、質量の大きいほうが上位。質量も同じ場合は同順位

失格要件:
1) 規格外の作品
2) ロードセルの測定範囲超
3) 分銅が作品から離れた場合
4) 落下後に作品が大きく壊れた場合(局部的な破壊・破損を伴う変形、設計で想定した形状の変化は不問)
5) ロードセル上の球面座に作品が触れない場合
6) ロードセル上の球面座以外の競技装置に作品が接触した場合
7) 作品が落下中にスライド金物から離れた場合

【賞】
各フィールドごとに、最多得票(空間デザイン・フィールド、創造デザイン・フィールド)と競技1位(AMデザイン・フィールド)の作品を最優秀賞(科学技術振興機構(JST)理事長賞)、次点の1作品を優秀賞(全国高等専門学校連合会会長賞)とし、特別賞(全国高等専門学校デザインコンペティション実行委員会会長賞)1作品を、全国高等専門学校デザインコンペティション実行委員会が決定

註 *1 専門部会:全国高等専門学校デザインコンペティション専門部会。全国の高専の教員から構成され、デザコンの企画・運営を統制する組織
 *2 ロードセル:荷重を電気信号に変換し力を測定する装置

付篇
デザコン2020 in 名取

Contents:

デザコン2020 in 名取

＊1：大会スケジュールは2020年9月当初の予定のもの。実際には一部、時間の変更があった

会場と大会スケジュール＊1

主会場：名取市文化会館（宮城県名取市増田字柳田520　http://bunka.natori.or.jp/）

各部門会場

部門	空間デザイン部門	構造デザイン部門	創造デザイン部門	AMデザイン部門	プレデザコン部門
展示・審査会場	名取市文化会館　小ホール	名取市文化会館 大ホール・ホワイエ、大ホール	名取市文化会館　中ホール、中ホール・ホワイエ、運営本部：仙台高専（名取）	名取市文化会館　中ホール、ホワイエ、運営本部：仙台高専（名取）	名取市文化会館 展示ギャラリー
審査員	名取市文化会館	名取市文化会館	各所在地（ワークショップ・ファシリテータ含）	各所在地	「審査方式」参照
学生	参加各高専				
審査方式	オンライン方式（プレゼンテーション／ディスカッション／公開審査）	オンライン方式（審査員審査）代行方式（仕様確認／競技〈耐荷性能試験〉）	オンライン方式（ポスターセッション／ワークショップ／プレゼンテーション／審査）	オンライン方式（プレゼンテーション／ディスカッション／審査）	空間／創造デザイン・フィールド：審査員と来場者による投票　AMデザイン・フィールド：競技（衝撃吸収シェルター試験／会期前に実施）

2020年12月5日(土)

時間	空間デザイン部門	構造デザイン部門	創造デザイン部門	AMデザイン部門	プレデザコン部門
9:00〜9:30	9:00〜10:00　運営スタッフ準備				
10:00〜12:00	10:00〜12:00 オリエンテーション	10:00〜12:00 仕様確認	10:00〜10:20 接続確認 10:20〜10:39 オリエンテーション	10:00〜11:00 受付	作品展示確認
11:00〜12:00				11:00〜12:00 オリエンテーション	
12:30〜13:00	12:30〜13:00　開会式				
13:00〜	13:15〜17:30 プレゼンテーション	13:15〜13:30 オリエンテーション 13:30〜16:30 審査員審査	13:00〜14:39 ポスターセッション	13:00〜17:00 プレゼンテーション	13:00〜16:30 展示／投票（空間／創造デザイン・フィールド）と競技映像／結果配信（AMデザイン・フィールド）
14:50〜16:07			14:50〜16:07 ワークショップ		
16:30〜17:00					16:30〜17:00 投票結果集計（空間／創造デザイン・フィールド）
16:50〜17:28			16:50〜17:28 アイディアの発表（まとめ）		

2020年12月6日(日)

時間	空間デザイン部門	構造デザイン部門	創造デザイン部門	AMデザイン部門	プレデザコン部門
9:00〜9:30	9:00〜9:30　運営スタッフ準備				
9:30〜	9:15〜12:30 ディスカッション	9:30〜9:45 オリエンテーション 9:45〜13:00 耐荷性能試験	9:25 出席確認 9:35〜11:40 プレゼンテーション	9:30〜 オリエンテーション 9:45〜12:00 ディスカッション	9:30〜15:00 展示（空間／創造デザイン・フィールド）／競技映像／結果配信（AMデザイン・フィールド）
11:40〜12:30			11:40〜12:30 点数集計、審査 11:50〜12:20 オンライン学生座談会		9.30〜11.30 投票 11:30〜12:00 投票結果集計（空間／創造デザイン・フィールド）
13:00〜	13:30〜14:30 公開審査	13:00〜14:00 成績集計と審査 14:00〜14:30 審査結果発表、審査員講評	13:30〜14:04 審査結果発表、審査員講評	13:00〜13:30 審査 13:30〜14:00 審査結果発表、審査員講評	13:30〜15:00 結果掲示（空間／創造デザイン・フィールド）
15:00〜16:00	15:00〜16:00　閉会式				

デザコン2020 in 名取

[開会式]
日時：2020年12月5日（土）12:30～12:50
開催方式：オンライン方式。会場と各運営本部（仙台高専〈名取〉）、審査員、参加者全員をインターネット回線でつなぎ、ビデオ会議アプリ「Zoom」を使用して実施。
登壇者会場：名取市文化会館　大ホール
空間デザイン部門と構造デザイン部門の審査員、来賓他が登壇。

[表彰式・閉会式]
日時：2020年12月6日（日）15:10～15:30
開催方式：オンライン方式（開会式と同様）。
登壇者会場：名取市文化会館　大ホール
空間デザイン部門と構造デザイン部門の審査員、来賓他が登壇。

[空間デザイン部門]
最優秀賞（日本建築家協会会長賞）：賞状＋盾＋副賞（日建学院提供）
仙台高専（名取）：コドモノママデ［150］ 1
優秀賞：賞状＋盾＋副賞
米子高専：町を横断する遊び［008］ 2
熊本高専（八代）：ヒナグ コドモ びじゅつかん［083］ 3
審査員特別賞：賞状＋盾＋副賞
仙台高専（名取）：すみかへ［147］ 4
仙台高専（名取）：蔵ster［148］ 5
建築資料研究社／日建学院賞：賞状＋副賞（日建学院提供）
石川高専：いで湯この地に大田楽の時を編む［154］ 6

[構造デザイン部門]
最優秀賞（国土交通大臣賞）：賞状＋盾＋副賞（日建学院提供）
米子高専：琥白鳥［16］ 7
優秀賞（日本建設業連合会会長賞）：賞状＋盾＋副賞
呉高専：夢双［11］ 8

優秀賞：賞状＋盾＋副賞
秋田高専：さどめんこ　二〇二〇［27］ 9
審査員特別賞：賞状＋盾＋副賞
豊田高専：SANK゛AKU［06］ 10
鹿児島高専：桜島BridgeⅡ［18］ 11
日刊建設工業新聞社賞：賞状＋企業盾＋副賞
松江高専：葉紙［25］ 12

[創造デザイン部門]
最優秀賞（文部科学大臣賞）：賞状＋盾＋副賞（日建学院提供）
明石高専：一円電車でつなぐ［07］ 13
優秀賞：賞状＋盾＋副賞
石川高専：よぼしむすび［08］ 14
石川高専：めぐる地域の玄関 —— 小規模特認校から広がる新しい結のかたち［24］ 15
審査員特別賞：賞状＋盾＋副賞
明石高専：塩屋おすそわけバザール —— リノベーションで醸成するまちづくりの提案［12］ 16
近畿大学高専：名張の水路発見 —— 子供の遊び場ふたたび［22］ 17
名取市長賞：賞状＋盾
仙台高専（名取）：架ける和紙、染まるまち［21］ 18

[AMデザイン部門]
最優秀賞（経済産業大臣賞）：賞状＋盾＋副賞（日建学院提供）
該当なし
優秀賞：賞状＋盾＋副賞（1作品は該当なし）
函館高専：MG［12］ 19
審査員特別賞：賞状＋盾＋副賞
該当なし

[プレデザコン部門]
最優秀賞（科学技術振興機構〈JST〉理事長賞）：賞状＋盾＋副賞
石川高専：禅と無（空間デザイン・フィールド）［空間-11］ 20
明石高専：呉の暮れ（創造デザイン・フィールド）［創造-04］ 21
津山高専：Podd（AMデザイン・フィールド）［AM-06］ 22
優秀賞（全国高等専門学校連合会会長賞）：賞状＋盾＋副賞
秋田高専：国際教養大学「中嶋記念図書館」—— 365日眠らない図書館（空間デザイン・フィールド）［空間-15］ 23
長岡高専：An Exquisite Sunset（創造デザイン・フィールド）［創造-03］ 24
津山高専：Collon 2（AMデザイン・フィールド）［AM-03］ 25
特別賞（全国高等専門学校デザインコンペティション実行委員会会長賞）：賞状＋副賞
岐阜高専：貝殻ホテル（空間デザイン・フィールド）［空間-17］ 26
秋田高専：COMPASS（創造デザイン・フィールド）［創造-06］ 27
鶴岡高専：単位号（AMデザイン・フィールド）［AM-02］ 28

受賞盾 —— 人と技を紡ぐ栄冠

「デザコン2020 in 名取」で授与されるのは、木製フレームにステンドグラスを施した表彰盾。銅板を折って作った折り鶴と大会名、賞名などを刻印したプレートを樹脂で一体化して製作されている。各パーツは1つ1つ手づくりで、それぞれに強い想いや願いが込められている。

2011年の東日本大震災において、宮城県名取市閖上地区は津波による大きな被害を受けた。震災後、被害を受けた閖上地区の児童たちは、内陸部の仮設住宅に住み、市内の別の小学校に教室を間借りして、避難生活を送っていた。そんな児童たちを励ましたのが、全国から寄せられた十万羽にもおよぶ折り鶴であった。復興への願い、亡くなった人々への鎮魂など、たくさんの想いが込められた折り鶴は、震災後10年を迎える節目に開催されるデザコン2020名取大会で、表彰盾のデザイン・モチーフとなった。

ステンドグラスは、名取の豊かな自然の色彩をイメージした緑色、閖上の海の色をイメージした明るい青色、名取の市花「はなもも」の色をイメージした桃色の3色をデザインのベースとし、仙台高専（名取）の卒業生と在校生の母親であり、ステンドグラス工芸作家である齋藤有紀氏が1つ1つ手づくりしたもの。木製フレームの素材は、基調の3色が映えるように、国産広葉樹から選定した「くるみ」「けやき」「ぶな」「ほうのき」で、すべて宮城高専（現・仙台高専〈名取〉）卒業生の父親である布田俊一氏の提供である。また、木製フレームと折り鶴、刻印プレートは、仙台高専（名取）教育研究技術支援室の加藤武信技術職員が、前述のように1つ1つ手づくりで加工した、オリジナル作品となっている。

入賞者がこの表彰盾を手にした時、名取のことを、そして、この盾も人と人、技術と技術の「ゆいの賜物」であることを感じてもらえれば幸いである。　（飯藤 將之　仙台高専〈名取〉）

製作／協力：齋藤 有紀（ステンドグラス工房ROPE　主宰）、布田 俊一（株式会社布田林業　代表）、加藤 武信（仙台高専〈名取〉教育研究技術支援室　第一技術班班長／技術職員）

* 作品名は、高専名（キャンパス名）：作品名［作品番号］、で表示。プレデザコン部門の作品番号は、［フィールド名-00］で表示。「空間」は「空間デザイン・フィールド」、「創造」は「創造デザイン・フィールド」、「AM」は「AMデザイン・フィールド」を示す
* 00 ：受賞者写真の番号

註 ＊高専名欄の［公］は公立、［私］は私立、特記外は国立を示す
＊プレデザコン部門「合計」欄の［空］は「空間デザイン・フィールド」、［創］は「創造デザイン・フィールド」、［AM］は「AMデザイン・フィールド」を示す

応募状況

地区	高専名（キャンパス名）	空間デザイン部門		構造デザイン部門	創造デザイン部門		AMデザイン部門		プレデザコン部門
		予選	本選		予選	本選	予選	本選	
北海道	函館高専						1	1	
	苫小牧高専			1			1	1	
	釧路高専	11		1	3	2			
	旭川高専								
東北	八戸高専								
	一関高専			1					
	仙台高専（広瀬）								
	仙台高専（名取）	12	7	1	5	1	2		
	秋田高専	3		1					2
	鶴岡高専								2
	福島高専			1					
関東信越	茨城高専								
	小山高専	3		1					1
	群馬高専			1			2	1	
	木更津高専								
	東京高専								
	長岡高専								1
	長野高専	3		1					6
	東京都立産業技術高専（品川）［公］			1					
	東京都立産業技術高専（荒川）［公］								
	サレジオ高専［私］								
東海北陸	富山高専（本郷）								
	富山高専（射水）								
	石川高専	4	2	1	2	2			2
	福井高専	4		1			3	1	
	岐阜高専	7		1			1		4
	沼津高専								
	豊田高専	2	1						
	鳥羽商船高専								
	鈴鹿高専	1			1				
	国際高専［私］			1			1		1
	近畿大学高専［私］			1	1	1			
近畿	舞鶴高専	8	1	1					2
	明石高専	15	2	1	6	2			1
	奈良高専								
	和歌山高専			1					
	大阪府立大学高専（寝屋川）［公］	8			3				
	神戸市立高専［公］			1			2	1	
中国	米子高専	40	2	1	2				6
	松江高専			1					
	津山高専			1					4
	広島商船高専								
	呉高専	5		1	1				
	徳山高専	3		1					
	宇部高専								
	大島商船高専								
四国	阿南高専	1		1					
	香川高専（高松）			1					
	香川高専（詫間）								
	新居浜高専			1					
	弓削商船高専						2	1	
	高知高専	11							
九州沖縄	久留米高専								
	有明高専	4		1					
	北九州高専								
	佐世保高専								
	熊本高専（八代）	9	1						
	熊本高専（熊本）								
	大分高専								
	都城高専	2		1					
	鹿児島高専			1					
	沖縄高専								
海外	IETモンゴル高専			1					
	新モンゴル高専			1					
	科技大モンゴル高専			1					
合計	作品数	156	16	34	24	8	15	6	32（[空]18 [創] 8 [AM]6）
	参加学生数	334	42	187	83	26	50	19	48（[空]27 [創]12 [AM]9）
	参加高専（キャンパス）数	21	7	34	9	5	9	6	12（[空] 6 [創] 6 [AM]2）
	参加高専（キャンパス）総数	42							

＊作品のエントリーには、インターネットのクラウド・サービスを利用

デザコン2020 in 名取

協力協賛企業、関連団体／運営組織

協力協賛企業、関連団体

協力
豊橋技術科学大学建築・都市システム学系、長岡技術科学大学環境社会基盤工学課程・専攻

特別協賛
株式会社建築資料研究社／日建学院、ジー・オー・ピー株式会社、株式会社深松組、三菱地所コミュニティ株式会社

一般協賛
株式会社淺沼組、株式会社新井組、エーアンドエー株式会社、株式会社鴻池組、今慶興産株式会社、三機工業株式会社、シンヨー株式会社、大日本土木株式会社、株式会社竹中工務店、東芝エレベータ株式会社、西松建設株式会社、日本オーチス・エレベータ株式会社、日本国土開発株式会社、株式会社フジタ、丸紅情報システムズ株式会社、メディア総研株式会社

広告協賛
鹿島クレス株式会社、大成建設株式会社、戸田建設株式会社、株式会社八重樫工務店

賛助
KDDI株式会社、クラウドファンディング賛同者各位、宮城高専卒業生有志、仙台高専卒業生有志、萩朋会

後援
内閣府、文部科学省、国土交通省、経済産業省、科学技術振興機構、宮城県、一般社団法人日本建築学会、公益社団法人土木学会、公益社団法人日本コンクリート工学会、一般社団法人日本機械学会、公益社団法人日本都市計画学会、公益社団法人日本建築家協会、一般社団法人日本建設業連合会、一般社団法人日本建築士事務所協会連合会、公益社団法人日本建築士会連合会、公益社団法人日本技術士会、一般社団法人日本橋梁建設協会、一般社団法人日本道路建設業協会、一般社団法人建設コンサルタンツ協会、一般社団法人プレストレスト・コンクリート建設業協会、株式会社日刊建設工業新聞社、株式会社日刊工業新聞社、日本放送協会、株式会社河北新報、東北放送株式会社、株式会社仙台放送、株式会社東日本放送、株式会社宮城テレビ放送

運営組織

主催　一般社団法人全国高等専門学校連合会
共催　名取市（宮城県）
主管校　仙台高等専門学校名取キャンパス

第17回全国高等専門学校デザインコンペティション実行委員会
福村 裕史（委員長／仙台高等専門学校校長）

○全国高等専門学校デザインコンペティション専門部会
勇 秀憲（専門部会長／徳山高専校長）、玉井 孝幸（幹事／米子高専）
空間デザイン部門：道地 慶子（石川高専）、森山 学（熊本高専〈八代〉）
構造デザイン部門：玉田 和也（舞鶴高専）、寺本 尚史（秋田高専）
創造デザイン部門：玉井 孝幸（米子高専）、木村 竜士（高知高専）
AMデザイン部門：堀口 勝三（長野高専）、玉井 孝幸（米子高専）
開催校委員：前年度開催校委員＝富永 一利（東京都立産業技術高専〈品川〉）
　　　　　　今年度開催校委員＝浅田 格（仙台高専〈名取〉）
　　　　　　次年度開催校委員＝間瀬 実郎、松野 一成（呉高専）

○全国高等専門学校デザインコンペティション2020 in 名取　開催地委員会
福村 裕史（実行委員長）、佐藤 一志（実行副委員長）、浅田 格（実行副委員長）、我妻 諭（実行副委員長、名取市副市長）、飯藤 將之（統括責任者）、北島 宏之（統括副責任者／HP、通信、回線担当）、権代 由範（統括副責任者／会場、物品担当）、小畑 和弥（統括副責任者／名取市企画部次長）
空間デザイン部門：坂口 大洋（部門長）、伊師 華江（副部門長）、松原 正樹（配信ホスト）、鎌田 光明（運営支援／秋田高専）
構造デザイン部門：藤田 智己（部門長）、武田 光博（副部門長／配信ホスト）、森 弘則、寺本 尚史（運営支援／秋田高専）
創造デザイン部門：相模 誓雄（部門長）、宮﨑 義久（副部門長／配信ホスト）、鈴木 知真（配信ホスト）
AMデザイン部門：野呂 秀太（部門長）、高橋 学（副部門長）、青木 良浩、本間 一平（配信ホスト）
プレデザコン部門：小林 仁（部門長）、佐藤 徹雄（副部門長）
遠隔運営部門：渡辺 隆（会場）、若生 一広（企業CM）、矢入 聡（プログラム）、千葉 幸一郎（受付）、佐藤 友章（搬入、搬出）、奥村 真彦（式典）
事務局：安達 雄一、城 義博、藤田 友哉、鈴木 勇斗

デザコンとは？ | 「教育の場」「成果を社会に示す場」

デザコン（正式名称：全国高等専門学校デザインコンペティション）は、前身である全国高専建築シンポジウムの目的であった「学生相互の研鑽と理解」をベースに、2004年の第1回石川大会からは「人が生きる生活環境を構成するための総合的技術の習得」が目的に加わり、2013年からは建築や建設系の学科の学生に限らず、電気系、情報系、機械系の学科の学生も参加できる大会として「専門力（＝専門的な知識や技術）とエンジニアリング・デザイン力を育む」ことを目的とする場へと発展してきた。これは、情報や関係性がグローバルに広がる現代社会において、生活にまつわるさまざまな課題の解決のため高専の学生が持つ専門力をいかに生かすか、を考えるためだ。つまり、学生が「社会ニーズに専門力で応える」という課題に取り組む体験を通じて、高専の掲げる「『実践的』で『創造性豊かな』技術者」を育成する「教育の場」を提供すると同時に、社会に対して高専教育の成果を示す場として開催されている。

従来、日本では「デザイン（design）」を「設計」「意匠計画」といった狭義にとらえる傾向にあったが、近年は「エンジニアリング・デザイン（engineering design）」*1という言葉がよく使われるようになり、「デザイン」という言葉の持つ幅広い意味が社会的に認知されるようになった。

デザコン第1回の2004年石川大会では、ワークショップ部門と設計競技部門に分かれ、ワークショップ部門では「まちづくりへのチャレンジ」と題した地域交流シンポジウムと、「座ってまちをみつける場所」と題したものづくりワークショップが行なわれた。イベントの内容は設計の領域のみに留まることなく、地域コミュニティ

を扱った企画や実物大のベンチの制作など、多岐にわたっていた。エンジニアリング・デザインという概念が、大会プログラムの「デザコンの意義」の中に明文化されるのは2013年米子大会を待つことになるが、2004年時点で、すでに「創造性教育」「答えのない課題」など、先進的なプログラムに取り組む大会であったのだ。

改めてデザコンの歴史を整理すると、下記の年表のように、誕生は1977年、明石高専と米子高専の学生による設計製図の課題の相互発表会に遡る。この相互発表会に、呉高専、石川高専が参加し、1993年に「四高専建築シンポジウム」と改称した。以降、運営は学生主体となり、4高専の学生たちが共通のテーマの下に意見交換したり、各校の設計課題を中心に学生生活全般について発表する場となった。四高専建築シンポジウムは、学生の「創造性教育」「相互理解」「交流」の場として重要な意味を持つことが全国の高専の間で理解され、1999年に「全国高専建築シンポジウム」と改称し、全高専の建築系の学科の学生が参加できる大会となった。そして、伊東豊雄、小嶋一浩、内藤廣、村上徹、隈研吾など、招聘した著名な建築家から学生が直接指導を受けられる公開設計競技スタイルの大会へと発展した。その後、建設系の学科の学生も参加できる大会として、2004年の第1回全国高等専門学校デザインコンペティション（通称：デザコン）石川大会につながった。

一方、2008年から「高専における設計教育高度化のための産学連携ワークショップ」として「全国高等専門学校3次元ディジタル設計造形コンテスト」（通称：CADコン）がスタートした。これは、当時まだ創生期であった3Dプリンタを造形装置として活用して造形

デザコンの変遷

		CADコン	アイディアコン
1977年	設計製図の課題の相互発表会をスタート（参加：明石高専と米子高専の建築系の学科の学生）		
1989年	第13回から呉高専が参加		
1993年	第17回から石川高専が参加 「四高専建築シンポジウム」と改称（運営：学生主体／参加：明石高専、米子高専、呉高専、石川高専の建築系の学科の学生）		
1999年	「全国高専建築シンポジウム」と改称（主催：各高専／参加：全高専の建築系の学科の学生）		
2004年	「全国高等専門学校デザインコンペティション（通称：デザコン）」に改称（主催：一般社団法人全国高等専門学校連合会*2／参加：全高専の建築系と建設系の学科の学生）。空間デザイン部門と構造デザイン部門の前身となる種目実施		
2008年		「全国高等専門学校3次元ディジタル設計造形コンテスト」（通称：CADコン）がスタート（主催：独立行政法人国立高等専門学校機構*3／参加：全高専の機械系の学科の学生が中心）	
2011年	デザコンとCADコンを同日同会場（釧路）で開催（主催は別々）		
2012年	デザコン（小山）とCADコン（明石）を同日に開催（主催は別々）		
2013年	デザコンとCADコンを同日同会場で開催（主催は別々）。創造デザイン部門創設		
2014年			「3Dプリンタ・アイディアコンテスト」（通称：アイディアコン）がスタート（主催：独立行政法人国立高等専門学校機構*3／参加：全高専の電気系の学科の学生が中心／主管校*4：八戸高専と仙台高専を核に東北地区の国立高専）
2015年	CADコンとアイディアコンをデザコンのAM部門として、夏大会（アイディアコン、仙台）と秋大会（CADコン、和歌山）に分けて開催（主催：一般社団法人全国高等専門学校連合会、独立行政法人国立高等専門学校機構／参加：全高専の建築系、建設系、機械系、電気系、情報系の学科の学生）		
2016年	デザコンのAMデザイン部門として、CADコンとアイディアコンが1部門に統合。プレデザコン部門創設		

物を製作し、造形物を使った競技を通して3D CADによる学生の設計力の向上を目的とした大会である。造形素材の弾性を利用するなど、CADによる設計に加えて構造解析や流体解析などを学生に求める課題であった。2011年北海道大会以降、2013年米子大会、2014年やつしろ大会と、主催は別にするもののデザコンと同一日同会場で開催された。

また、2014年からは、同様に3Dプリンタを使う「3Dプリンタ・アイディアコンテスト」(通称：アイディアコン)が始まった。CADコンの競技に対して、こちらは学生のアイディアや提案を主体とする特色を持った大会であった。この2つの大会は3Dプリンタを使うという共通の特徴を持つことから、関係者の間で協議・検討を重ねた結果、2015年のデザコン和歌山大会では、デザコンのAM(Additive Manufacturing)部門として、夏大会(アイディアコン)と秋大会(CADコン)に分けて開催。2016年デザコン高知大会では、AMデザイン部門として完全に1部門に統合された。これを機に、さらに新たな境地を広げ、内容の充実したデザコンとして進化している。　　　　　　　　　　　　　　　（玉井 孝幸　米子高専）

デザコンの開催地（主管校〈キャンパス〉）[4]		
2004年	第 1回	石川大会（石川高専）
2005年	第 2回	明石大会（明石高専）
2006年	第 3回	都城大会（都城高専）
2007年	第 4回	周南大会（徳山高専）
2008年	第 5回	高松大会（高松高専＝現・香川高専〈高松〉）
2009年	第 6回	豊田大会（豊田高専）
2010年	第 7回	八戸大会（八戸高専）
2011年	第 8回	北海道大会（釧路高専）
2012年	第 9回	小山大会（小山高専）
2013年	第10回	米子大会（米子高専）
2014年	第11回	やつしろ大会（熊本高専〈八代〉）
2015年	第12回	和歌山大会（和歌山高専）
2016年	第13回	高知大会（高知高専）
2017年	第14回	岐阜大会（岐阜高専）
2018年	第15回	北海道大会（釧路高専）
2019年	第16回	東京大会（東京都立産業技術高専〈品川〉）
2020年	第17回	名取大会（仙台高専〈名取〉）

註
* 1　エンジニアリング・デザイン：総合的な専門知識を活用してものをつくる力、プロジェクトを推進していく力。そうしたデザイン能力、設計能力のこと
* 2　一般社団法人全国高等専門学校連合会：国立、公立（3校4キャンパス）、私立（3校3キャンパス）の高専の連合組織。全国の高専の体育大会やさまざまな文化系クラブ活動の発展を助け、心身ともに健全な学生の育成に寄与することが主な目的
* 3　独立行政法人国立高等専門学校機構：全国の国立高専51校55キャンパス（2021年3月末現在）を設置、運営している。目的は、職業に必要な実践的かつ専門的な知識と技術を持つ創造的な人材を育成するとともに、日本の高等教育の水準の向上と均衡ある発展を図ること
* 4　主管校：大会運営の主体となる高専
* 文中の人名は、敬称略

大会後記｜「デザコン2020 in 名取」を終えて

デザコン初となる自治体との共催で、全国から参加する学生や教職員には、2011年に地震と津波で被災した宮城県の名取市が歩んできた10年間の復興の姿を見てもらうはずだった。ところが、新型コロナウイルス感染症（COVID-19）が拡大した2020年4月からは、大会ができるか否か、やるとすればどう運営するかの検討が続き、インターネット回線を使ったオンライン方式での開催に決定したのが9月のことだった。

画面越しでプレイヤー（参加学生）と審査員と運営サイドが会すれば、何となく距離が近くなったような気はする。しかし、プレイヤーが製作した作品などは名取の会場や審査員の手元にあり、プレイヤーと作品には数百kmあるいは千km以上の距離がある。そのため、プレイヤーと作品が同じ場所にない状況で公正、公平なデザコンを実施することが主管校[1]の第一の役割と考えて準備を進めた。

空間デザイン部門と創造デザイン部門では、プレイヤーには会場にいるのと遜色のないようにプレゼンテーションしてもらうこと、構造デザイン部門の耐荷性能試験（＝競技）では、学生に代わり慎重に競技を行なうことに腐心した。AMデザイン部門では、会期前に都内の会場に本選参加作品の製作物（3Dプリンタによる作品）を集めて審査を行なった。まずは大会を終え、会場（来場）開催と同様に、入賞作品の選定まで進められたことに安堵している。

2020年、生活の中にオンライン方式が浸透してきてはいるものの、デザコンの参加と審査動画の配信を同時に行なうためには、準備を含め、かなりの時間と労力を費やした。協賛企業の会期中の動画CMへの協力をはじめ、尽力した関係者に感謝したい。加えて、受賞、本選参加学生には、オフィシャルブックへ掲載する写真提供に改めて感謝する。

COVID-19の感染拡大が続く中、次回の呉大会の準備も難儀を極めると思われる。2021年、応募する学生たちには、主管校である呉高専の支えに感謝を忘れず、自己研鑽を重ね、健闘することを祈る。
　　　　　　（浅田 格〈実行副委員長〉、飯藤 將之〈統括責任者〉）

註
* 1　主管校：上記、註4参照

デザコン2020 名取　official book

第17回全国高等専門学校デザインコンペティション

Collaborator:
全国高等専門学校デザインコンペティション2020 in 名取　開催地委員会
仙台高等専門学校名取キャンパス
福村 裕史（実行委員長）、佐藤 一志（実行副委員長）、浅田 格（実行副委員長）、我妻 諭（実行副委員長）、
飯島 將之（統括責任者）、北島 宏之（統括副責任者）、権代 由範（統括副責任者）、小畑 和弥（統括副責任者）
空間デザイン部門：坂口 大洋（部門長）、伊師 華江（副部門長）
構造デザイン部門：藤田 智己（部門長）、武田 光博（副部門長）
創造デザイン部門：相模 誓雄（部門長）、宮崎 義久（副部門長）
AMデザイン部門：野呂 秀太（部門長）、高橋 学（副部門長）
プレデザコン部門：小林 仁（部門長）、佐藤 徹雄（副部門長）
印刷物部門：矢入 聡
事務局：安達 雄一、城 義博、藤田 友哉、鈴木 勇斗
名取市
名取市企画部：小平 英俊（企画部長）、佐藤 徹也、馬場 洋明（政策企画課）
協力学生：仙台高等専門学校本科生、専攻科生、卒業生（合計74人）
協力：富永 一利、福井 康祥（東京都立産業技術高専〈品川〉）

全国高等専門学校デザインコンペティション専門部会
勇 秀憲（専門部会長、徳山高専校長）、玉井 孝幸（幹事、米子高専）

一般社団法人全国高等専門学校連合会
後藤 景子（会長、奈良高専校長）、水野 元洋（事務局長）

写真協力：
制作風景写真、制作学生集合写真：「デザコン2020 in 名取」本選参加学生
佐藤 浩（名取市役所）

Editorial Director: 鶴田 真秀子（あとりえP）
Co-Director: 藤田 知史
Art Director: 狩野 夫二代（来夢来人）
Designer: 坂本 弥穂（来夢来人）
Photographers: 越後谷 出、佐藤 亮介、鴫原 薫、武田 淳（仙台高専〈名取〉教職員）、森 弘則（仙台高専〈名取〉教職員）
Editorial Associates: 髙橋 美樹、戸井 しゅん

Producer: 種橋 恒夫、山上 誠（建築資料研究社／日建学院）
Publisher: 馬場 圭一（建築資料研究社／日建学院）

Special thanks to the persons concerned.

デザコン2020 名取　official book
第17回全国高等専門学校デザインコンペティション

一般社団法人全国高等専門学校連合会 編
———————————————————————
2021年6月20日　初版第1刷発行

発行所：株式会社建築資料研究社
〒171-0014　東京都豊島区池袋2-10-7 ビルディングK 6F
Tel.03-3986-3239　Fax.03-3987-3256
http://www.ksknet.co.jp

印刷・製本：シナノ印刷株式会社
———————————————————————
©一般社団法人全国高等専門学校連合会
2021 Printed in Japan

＊本書の無断複写・複製・転載を禁じます
ISBN 978-4-86358-752-6